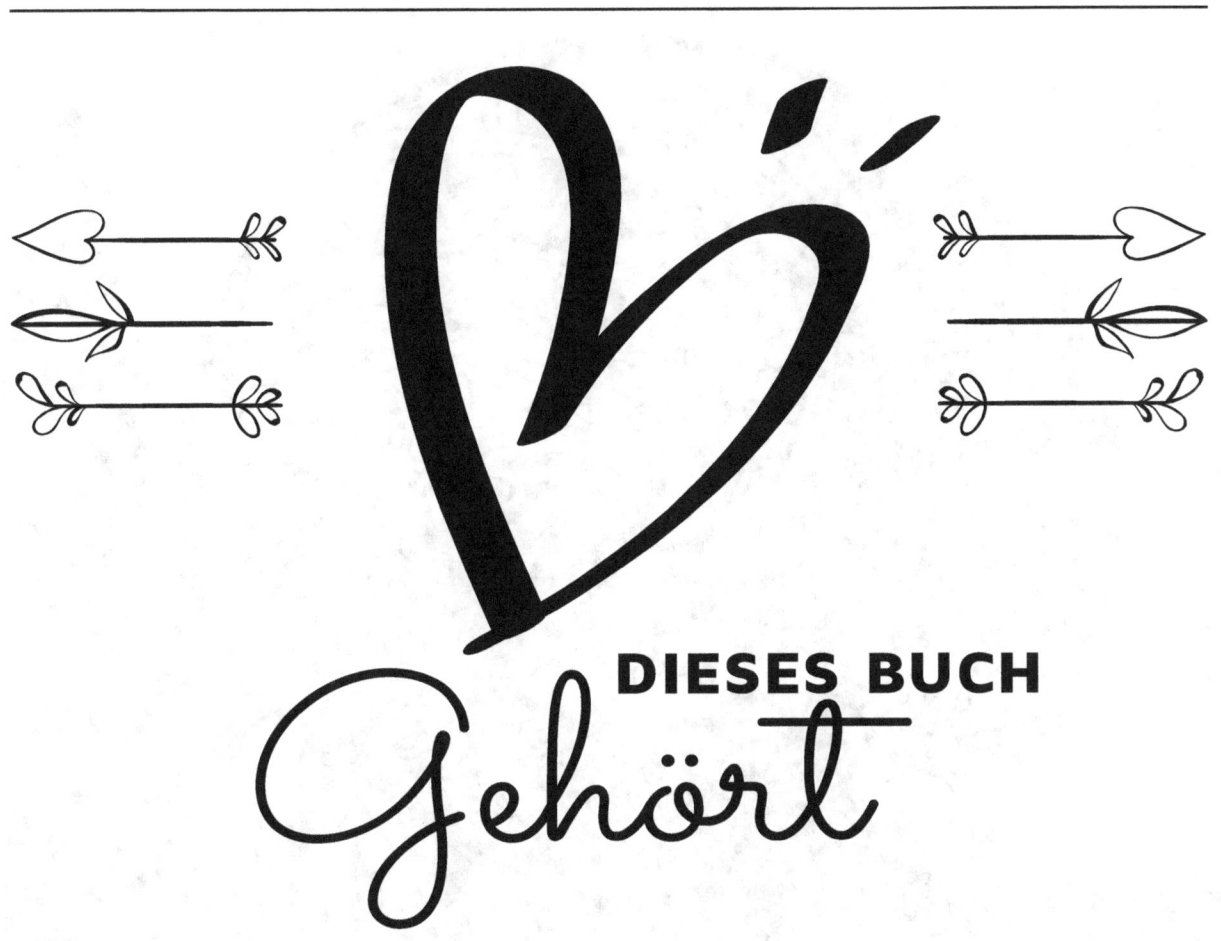

DIESES BUCH Gehört

Färbe Diese Schnecke

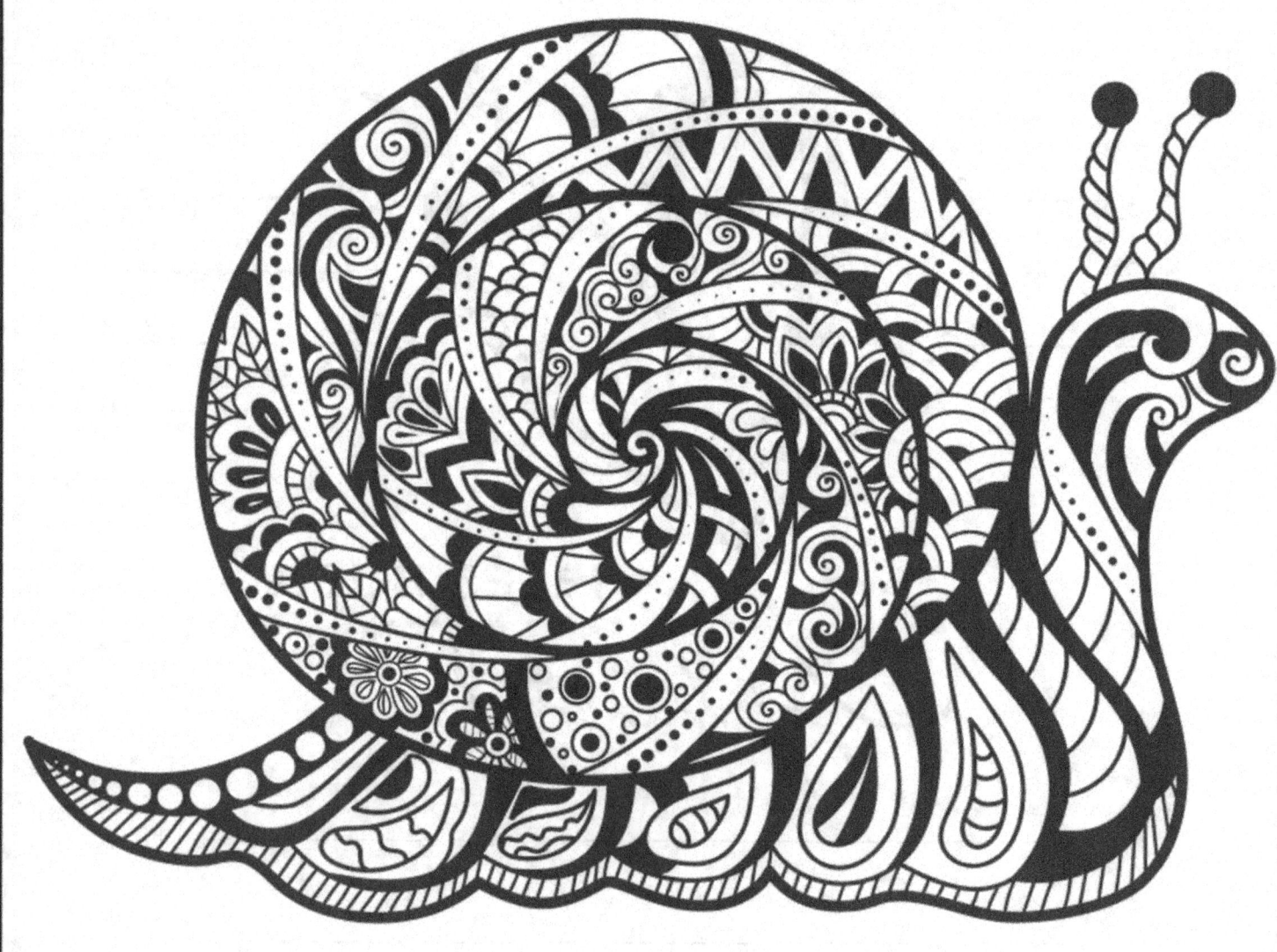

Färbe Diese Schnecke

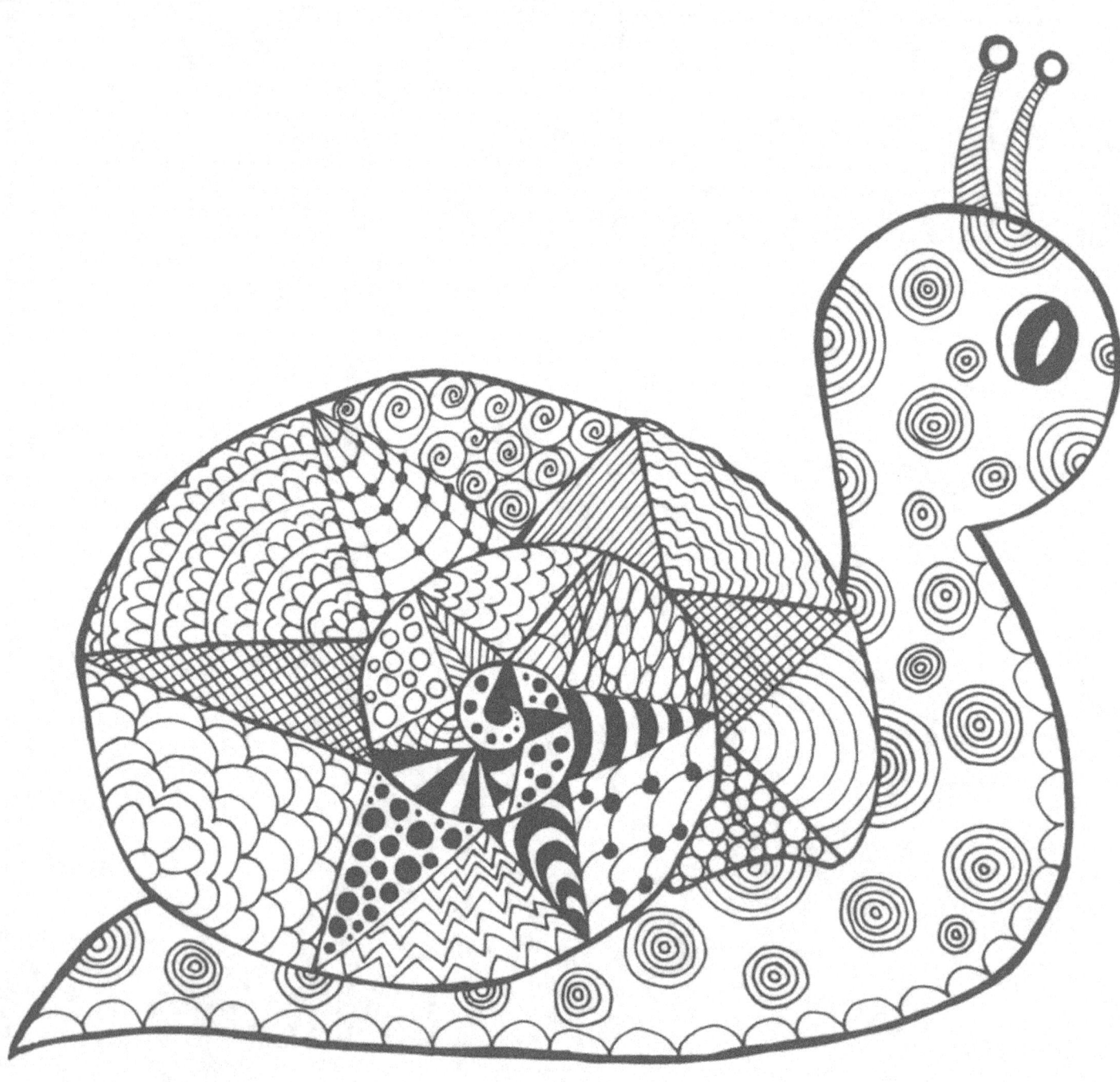

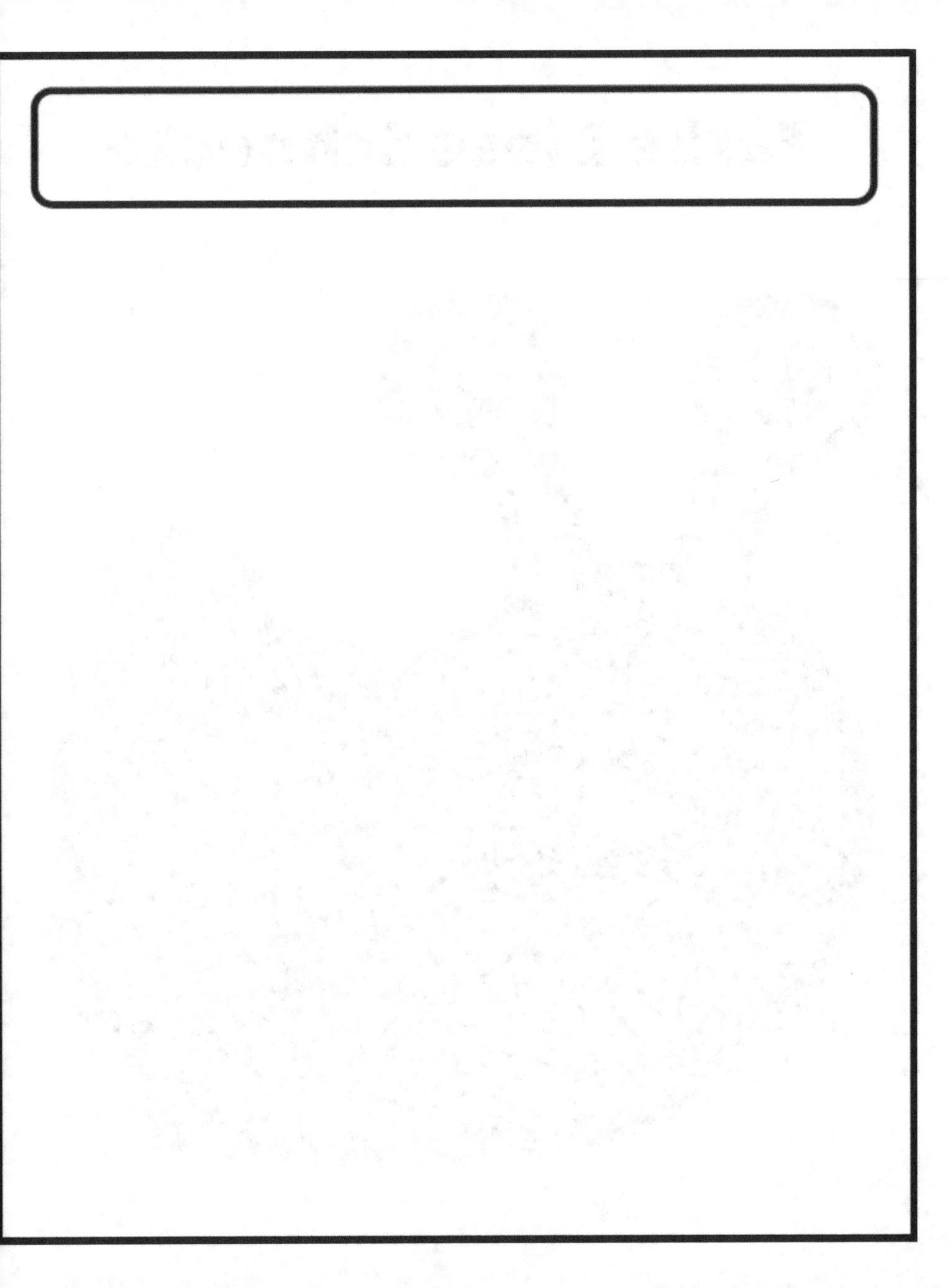

Färbe Diese Schnecke

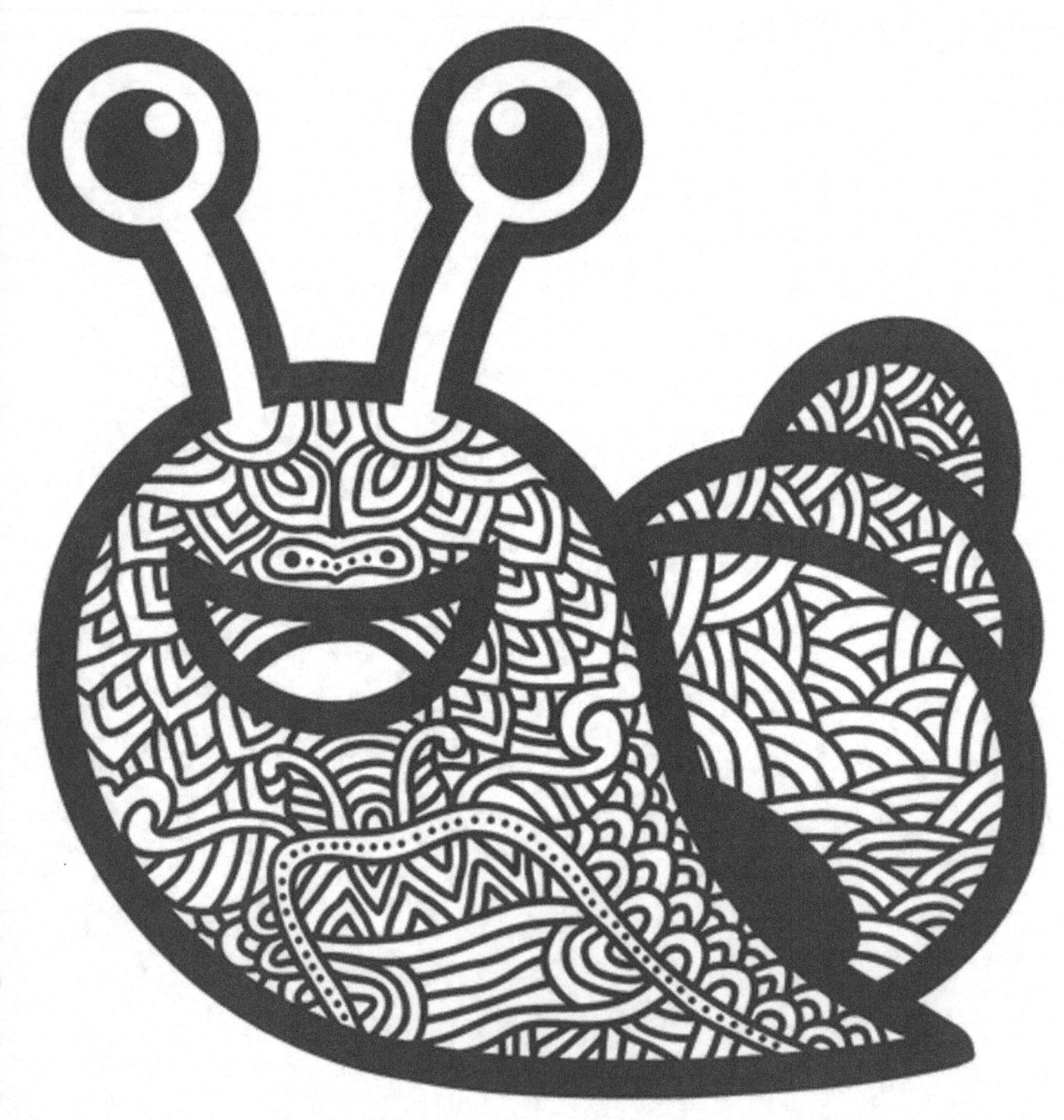

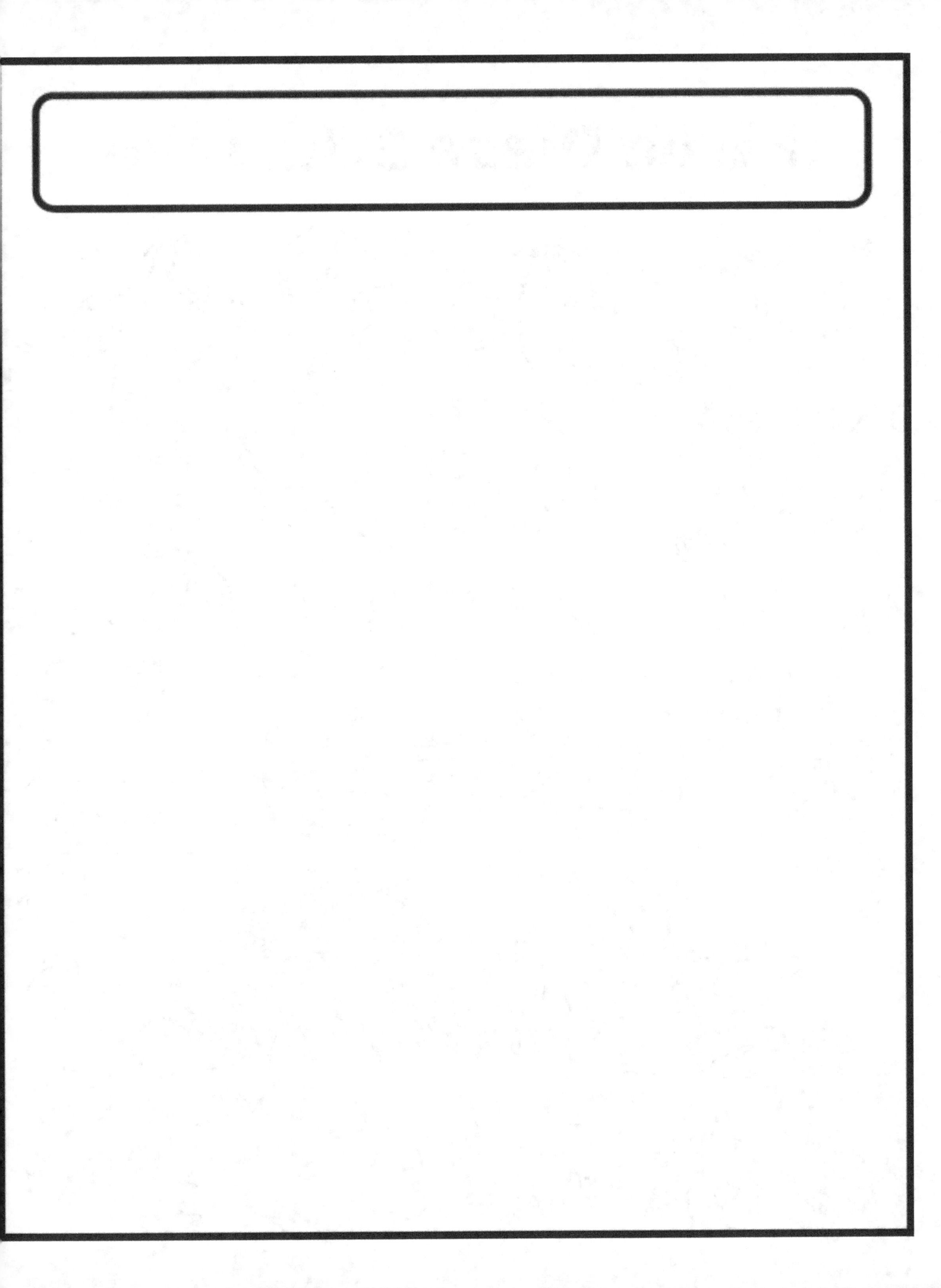

Färbe Diese Schnecke

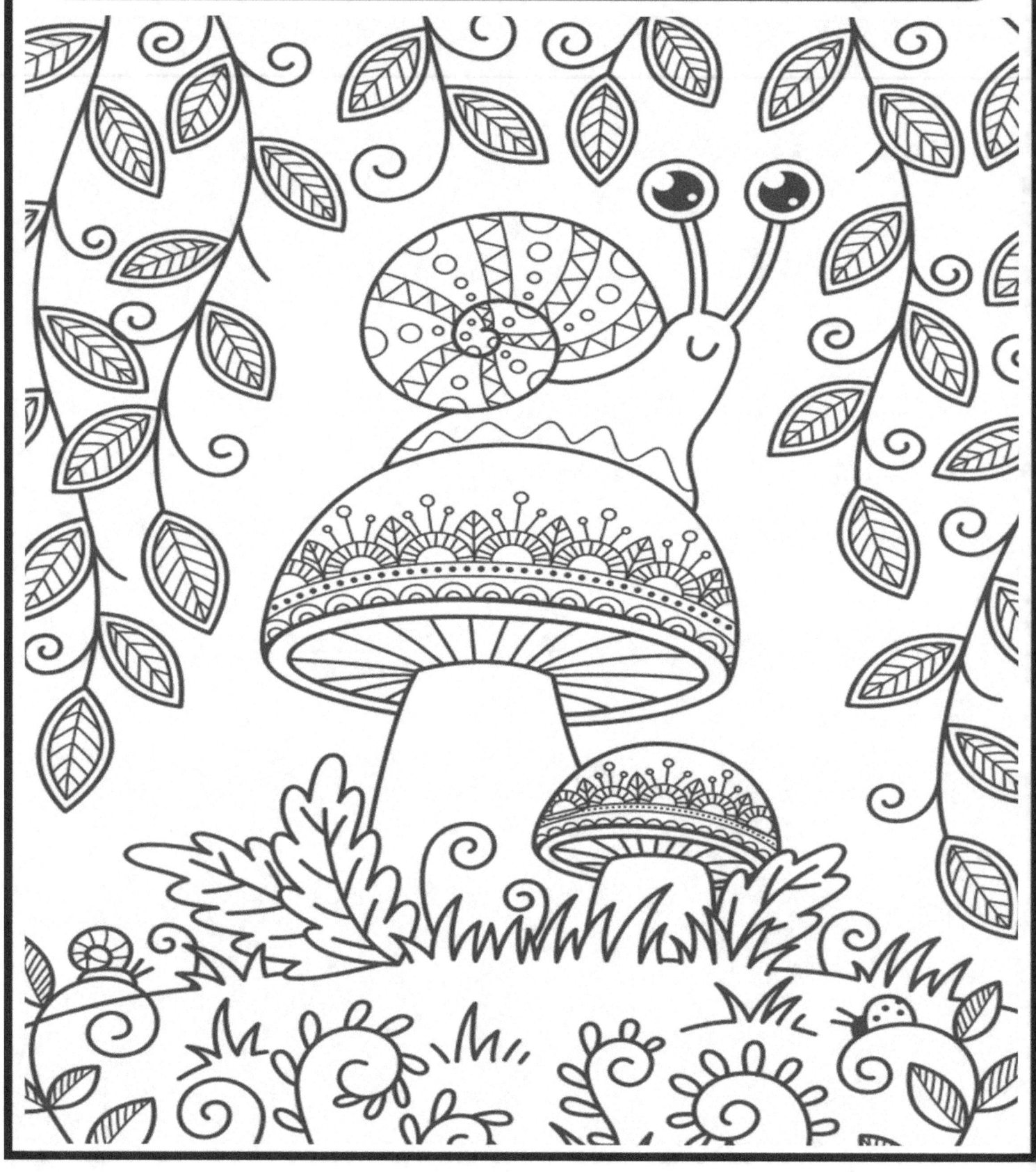

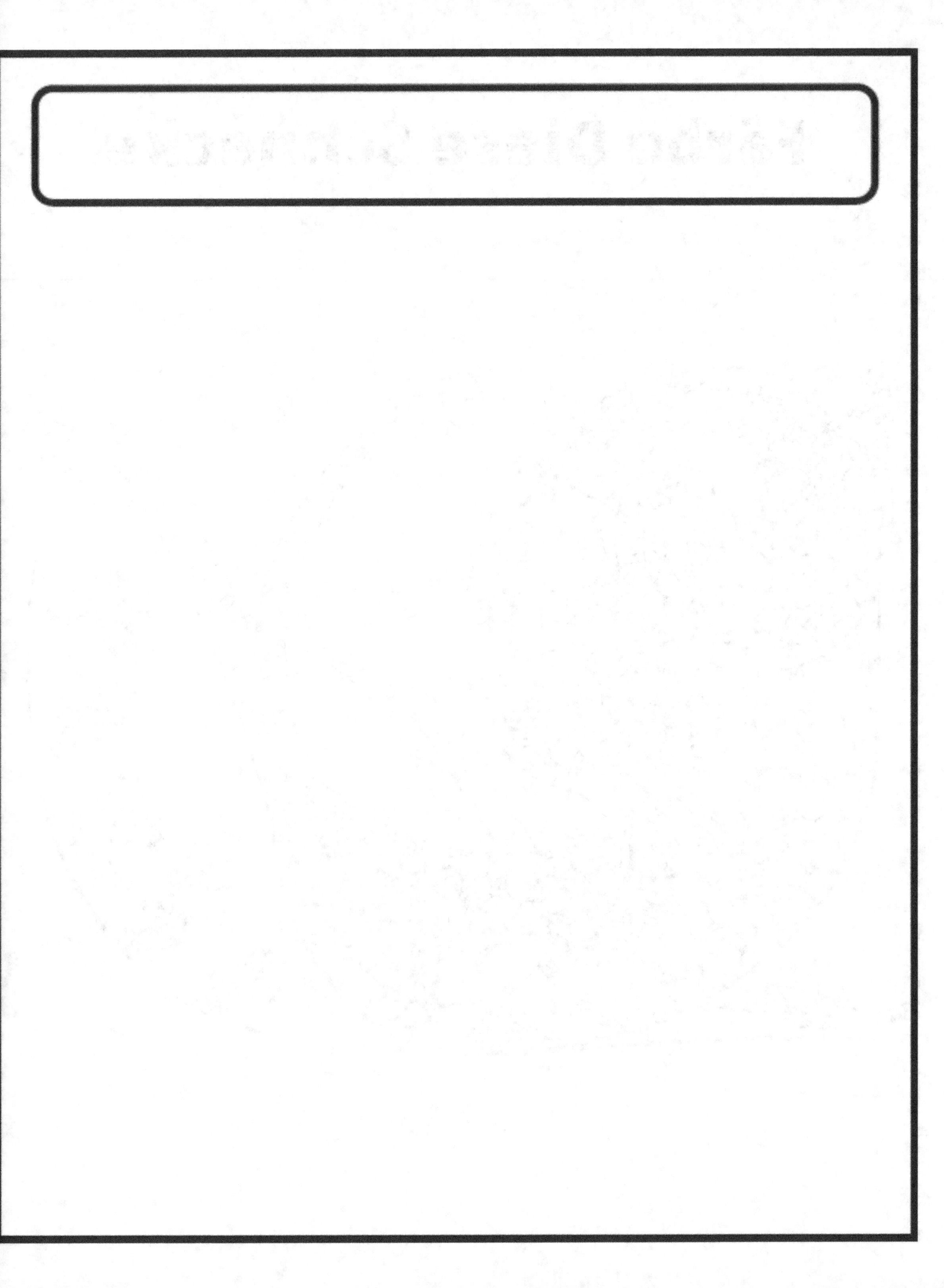

Färbe Diese Schnecke

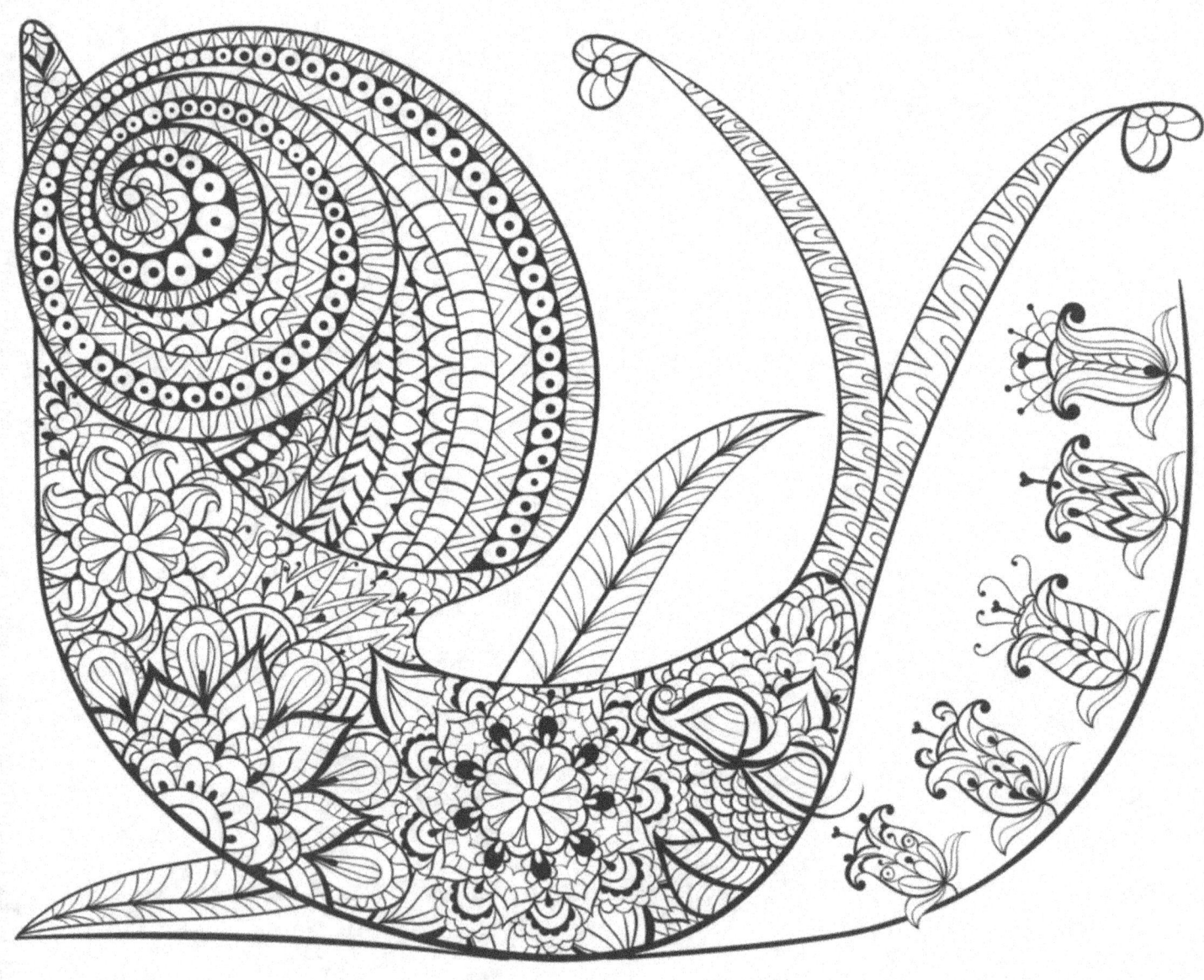

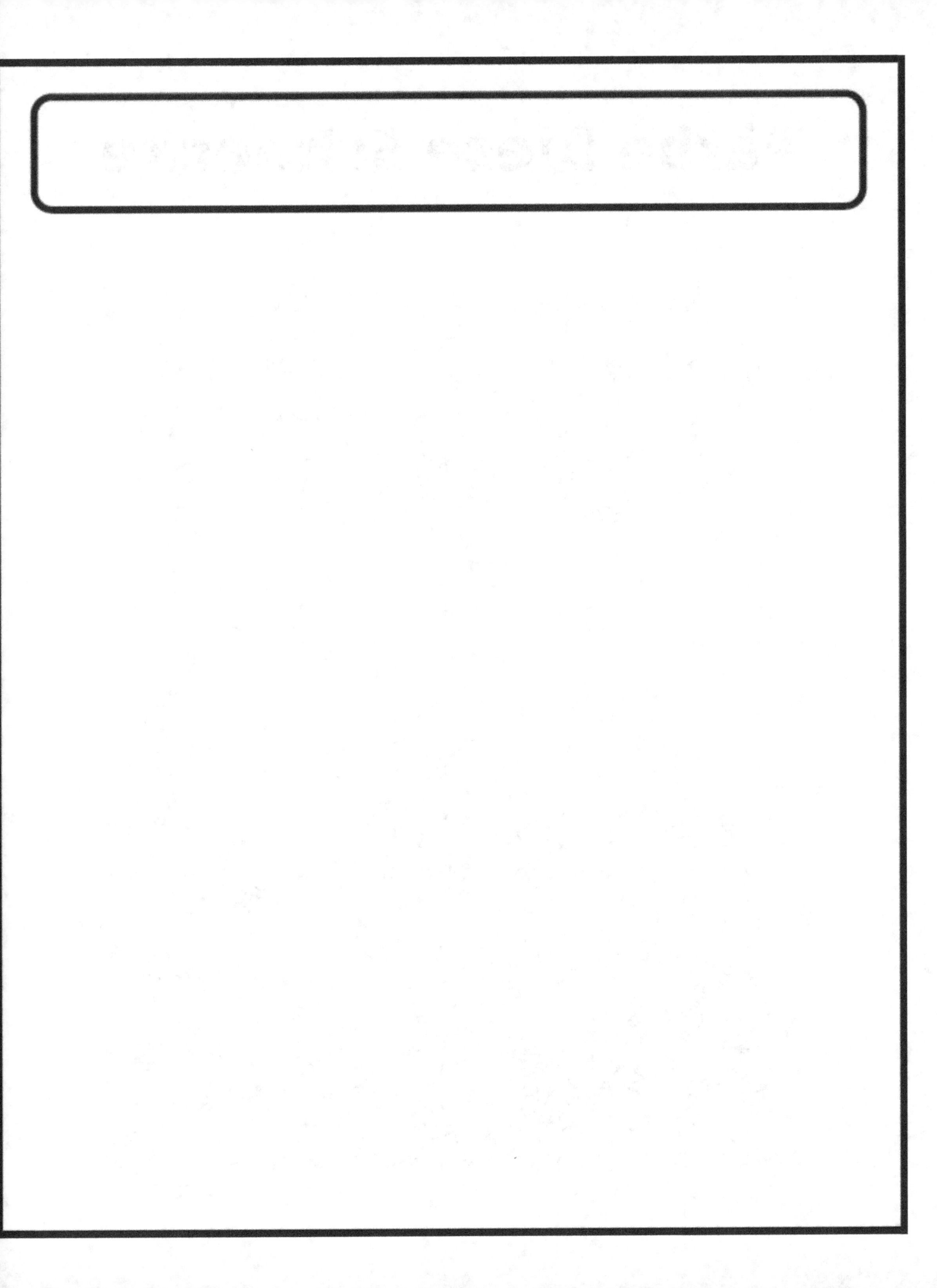

Färbe Diese Schnecke

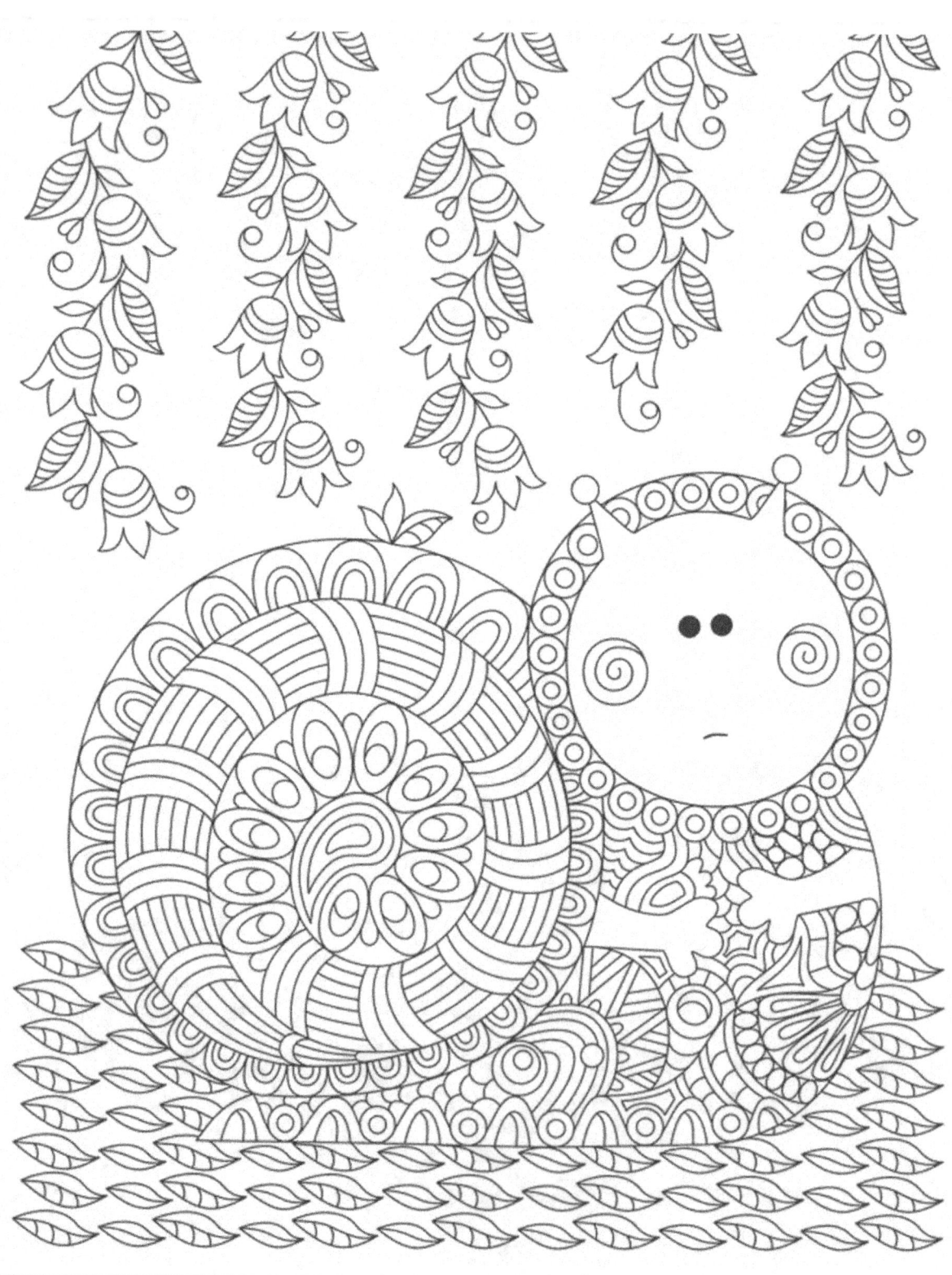

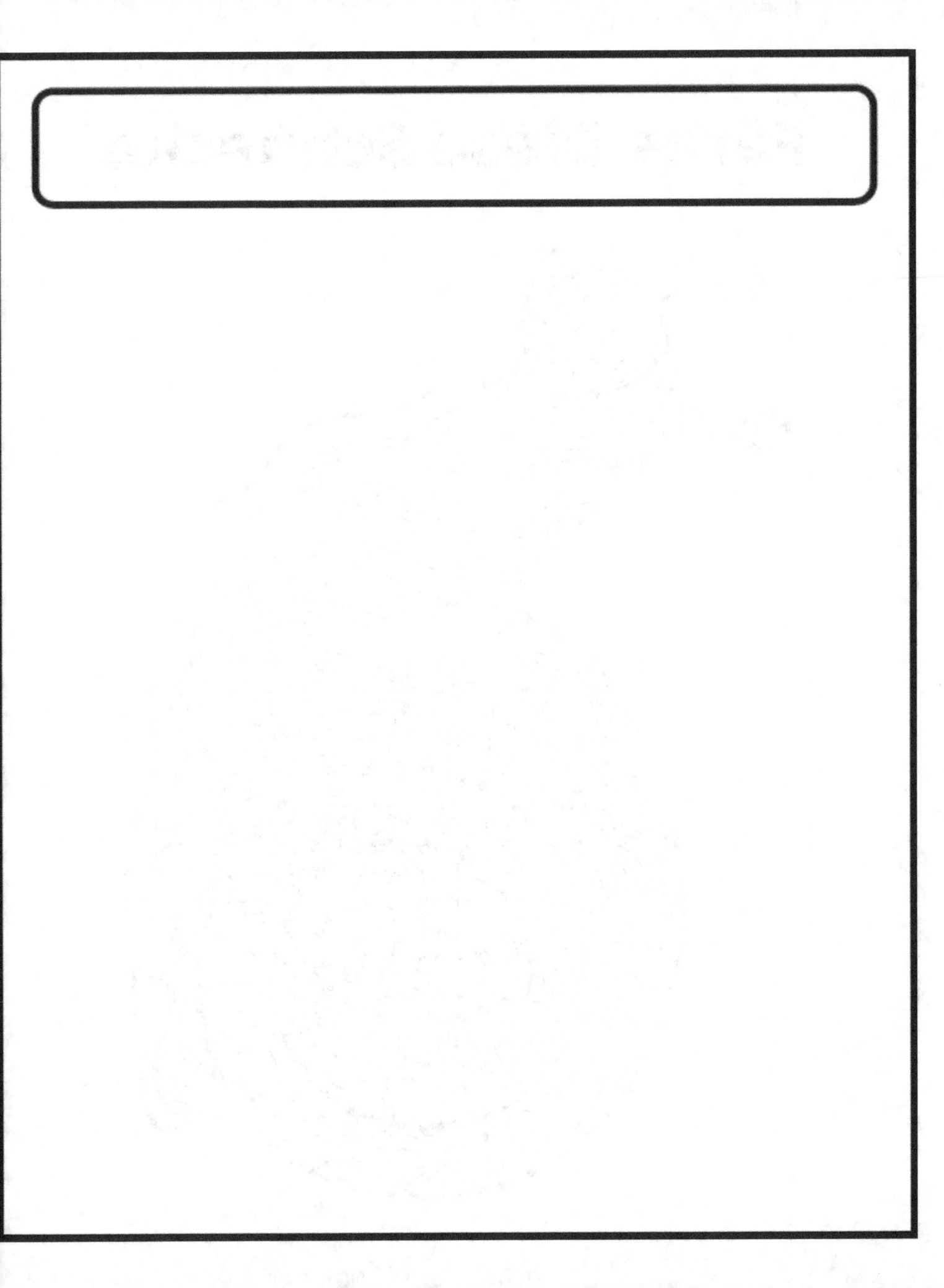

Färbe Diese Schnecke

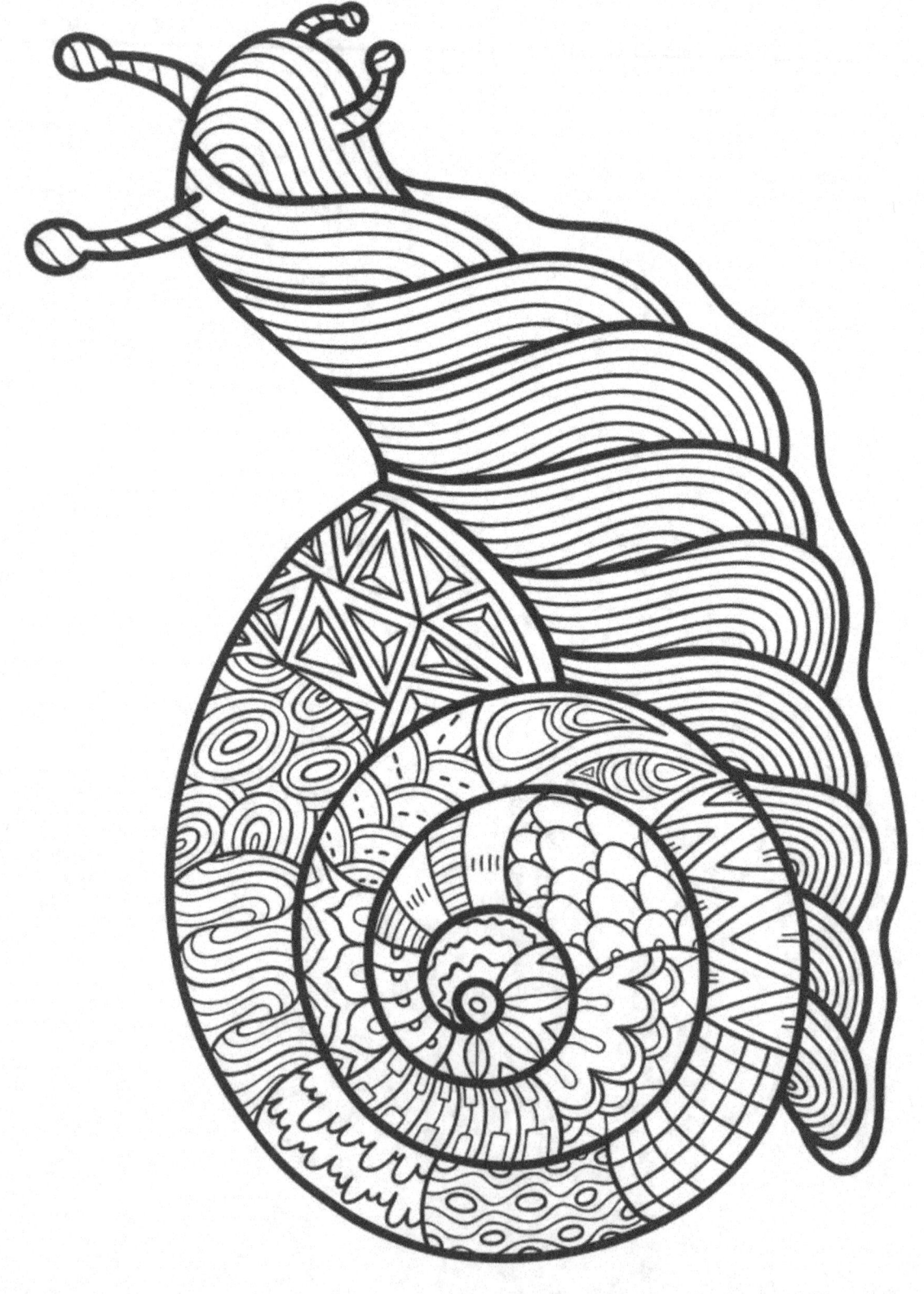

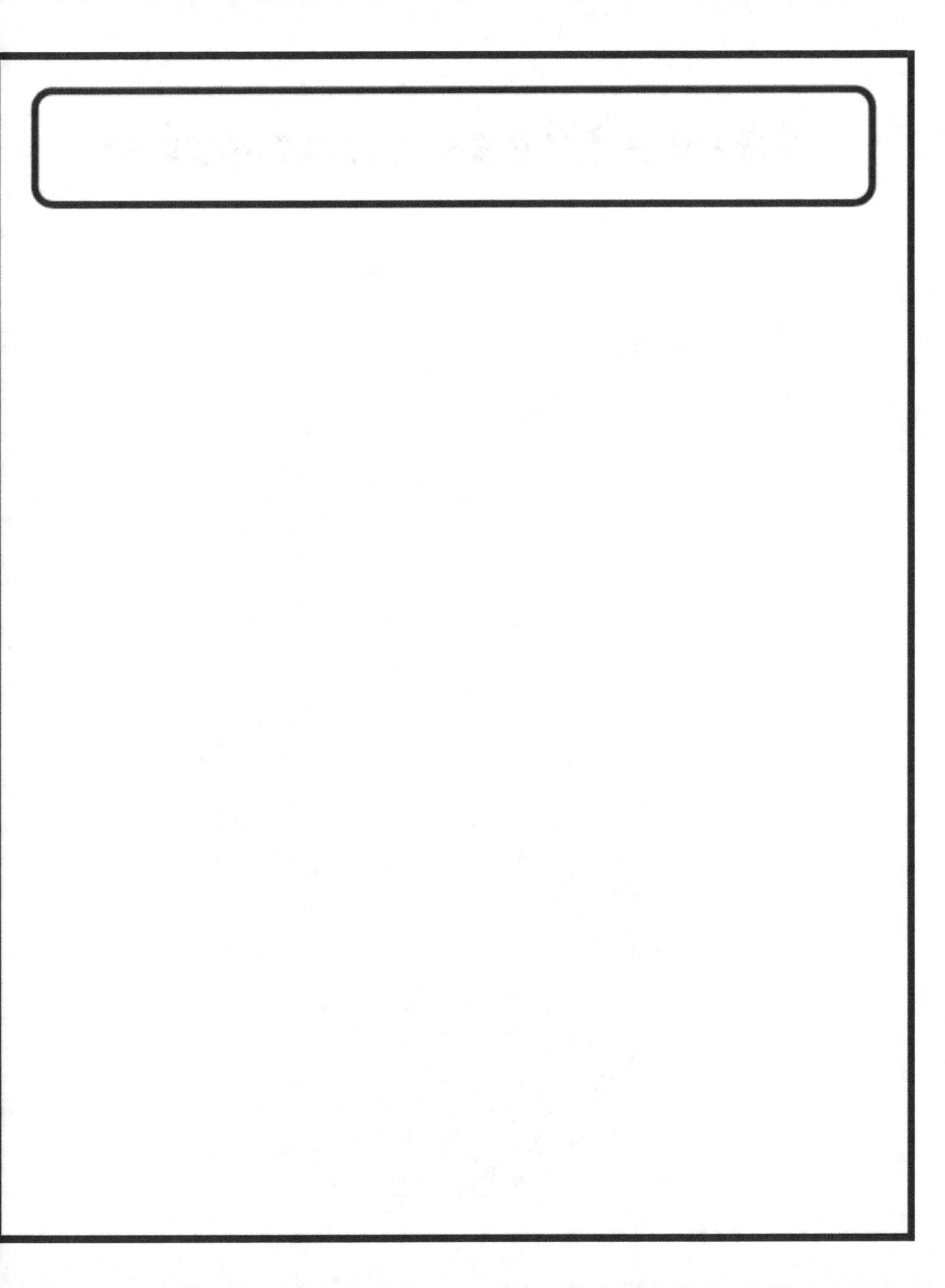

Färbe Diese Schnecke

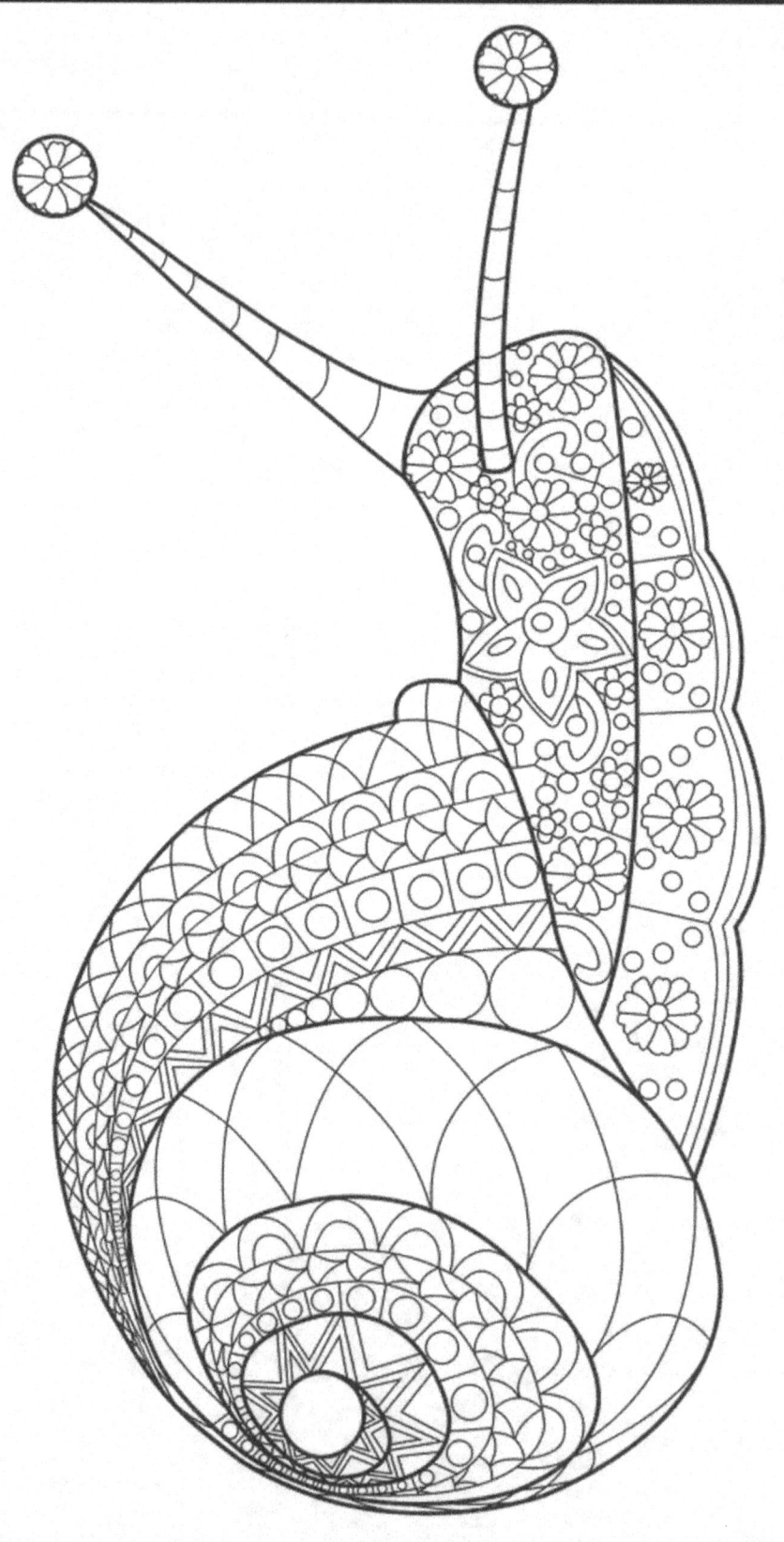

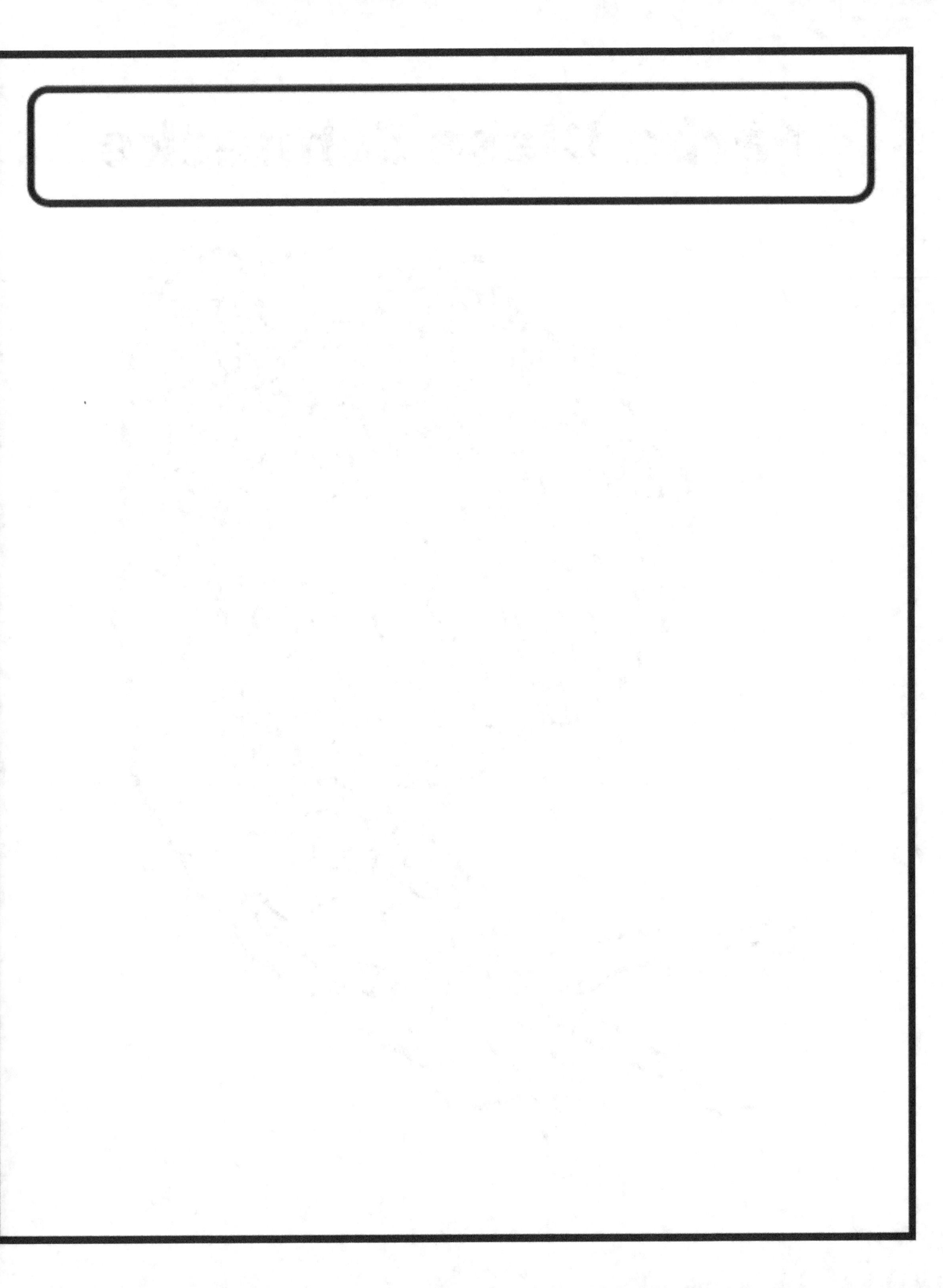

Färbe Diese Schnecke

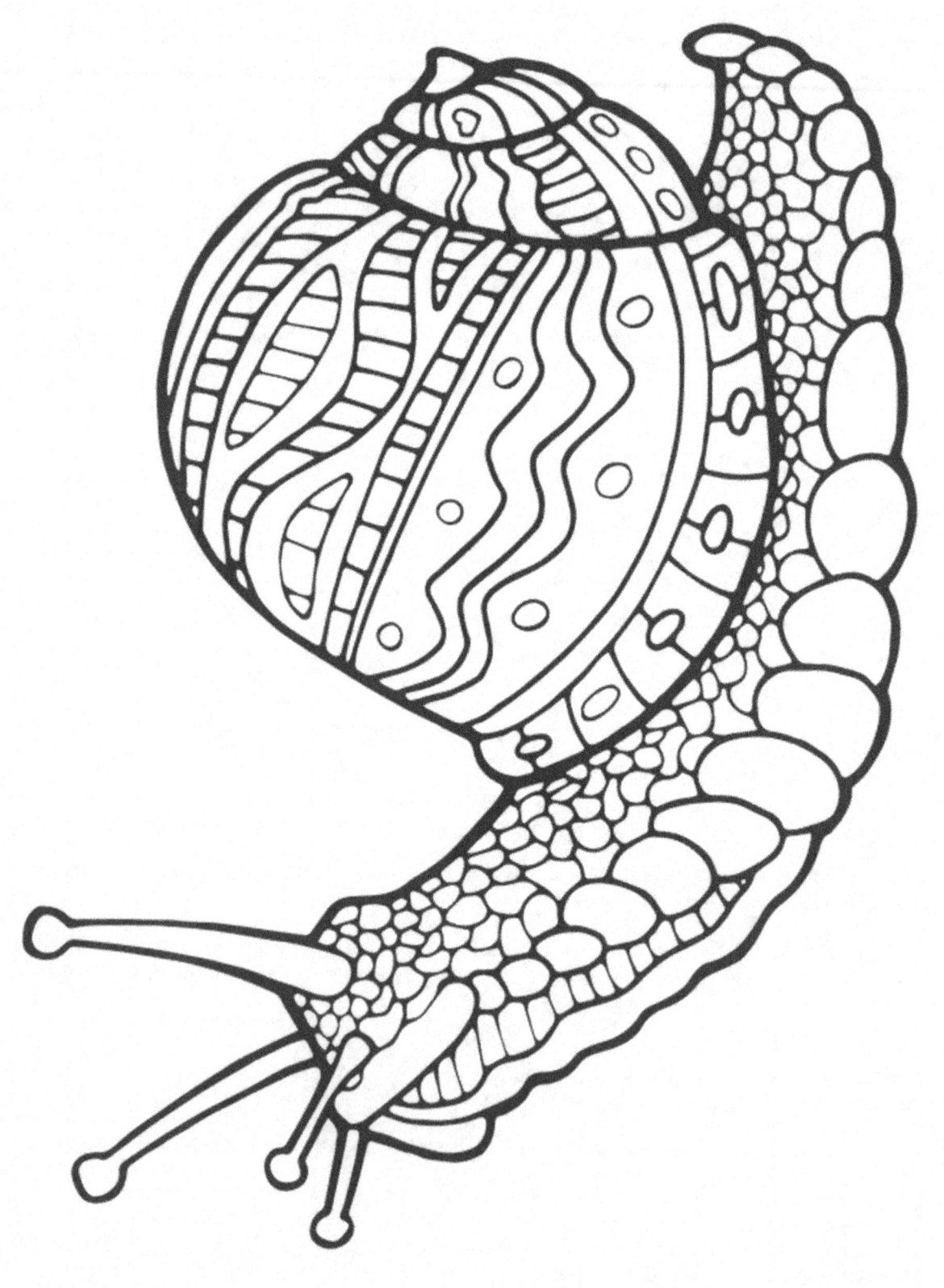

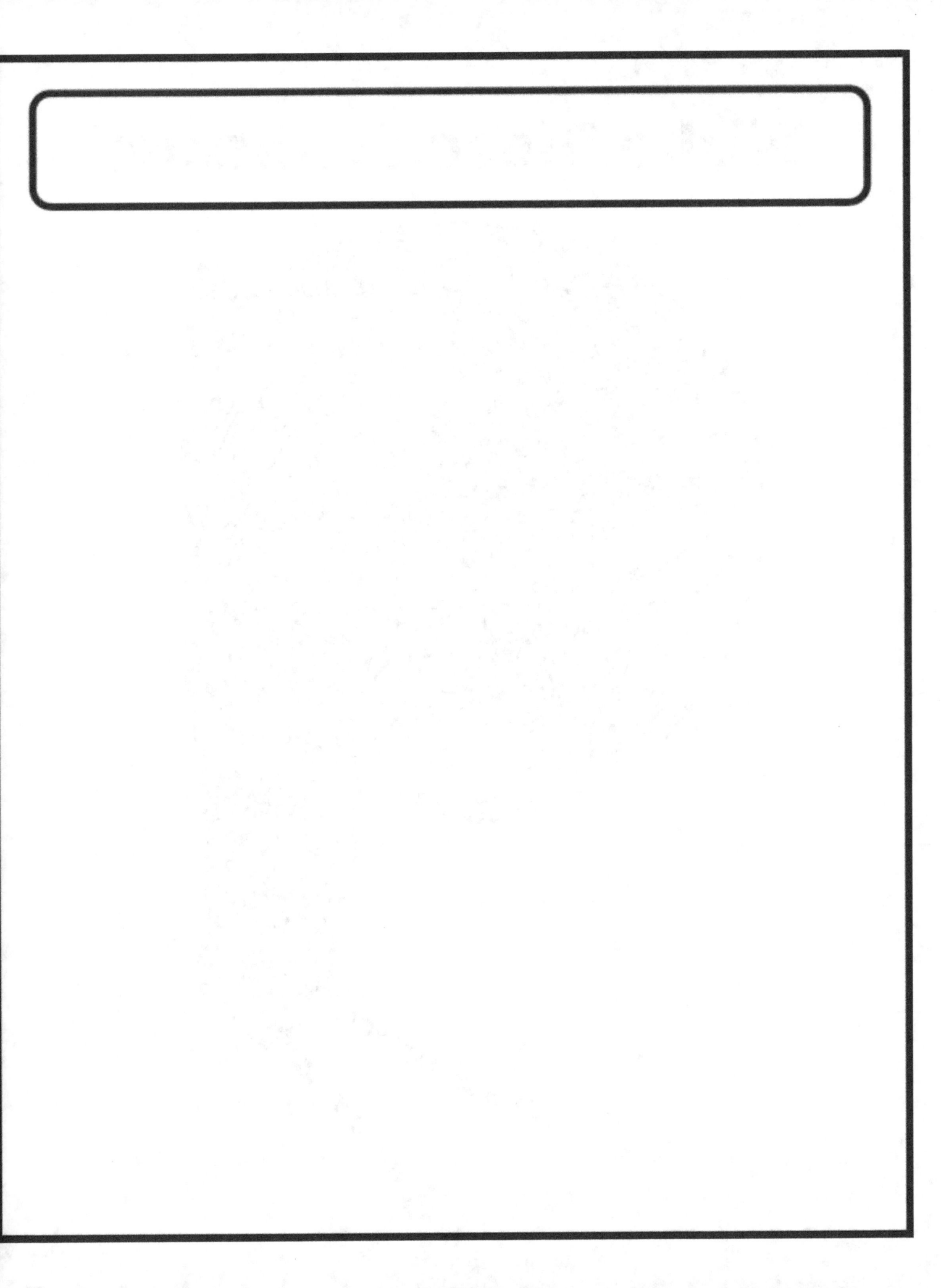

Färbe Diese Schnecke

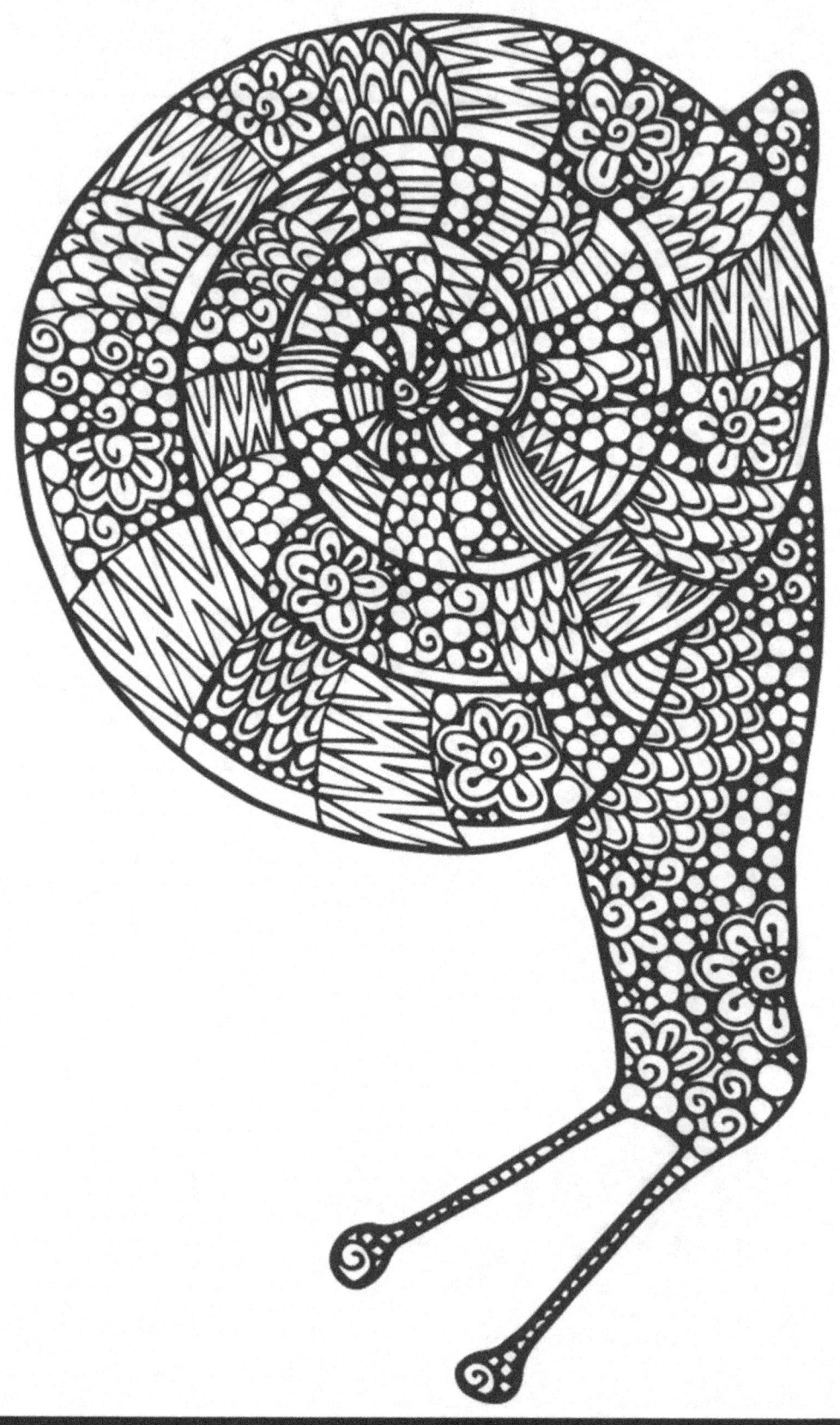

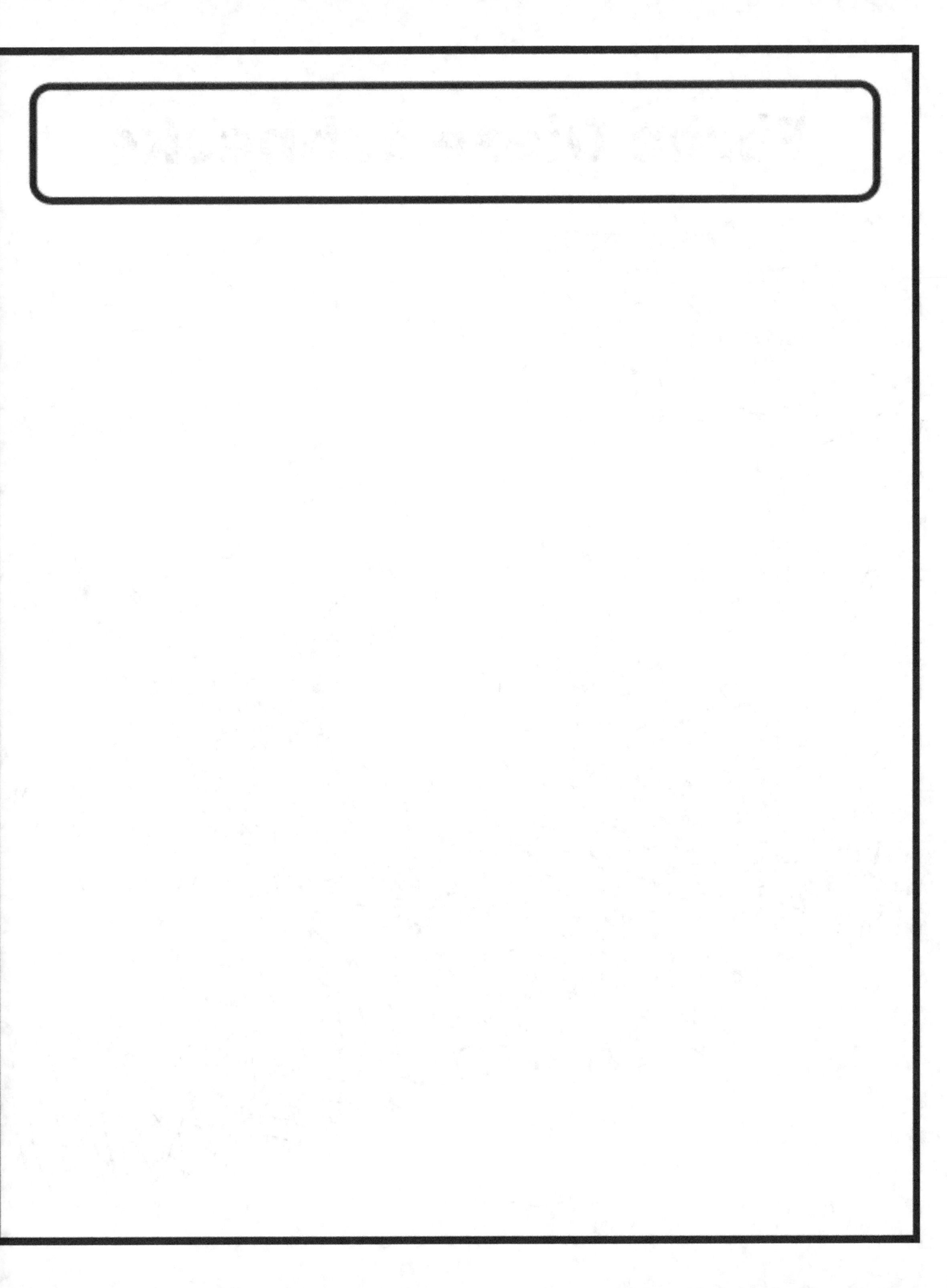

Färbe Diese Schnecke

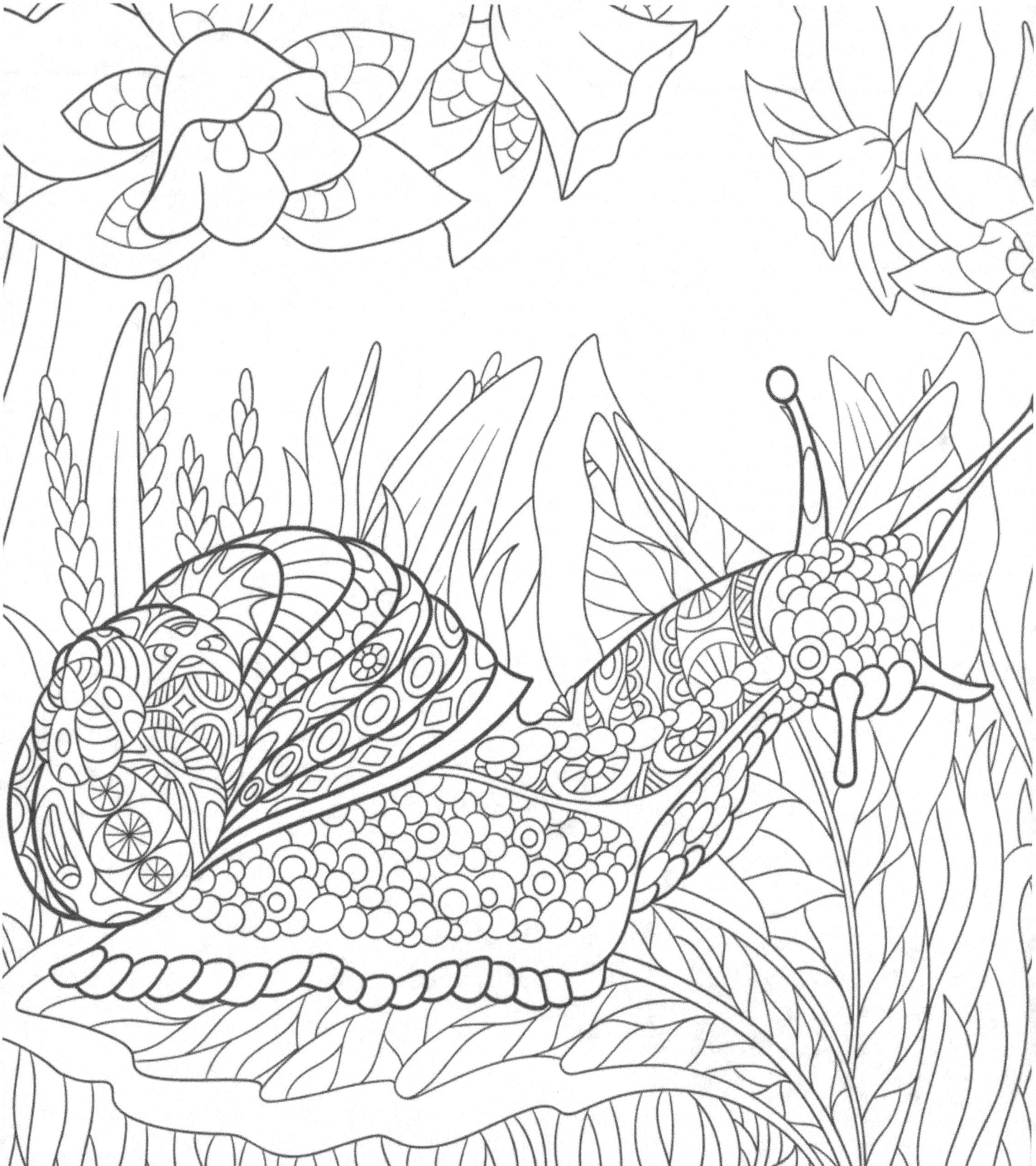

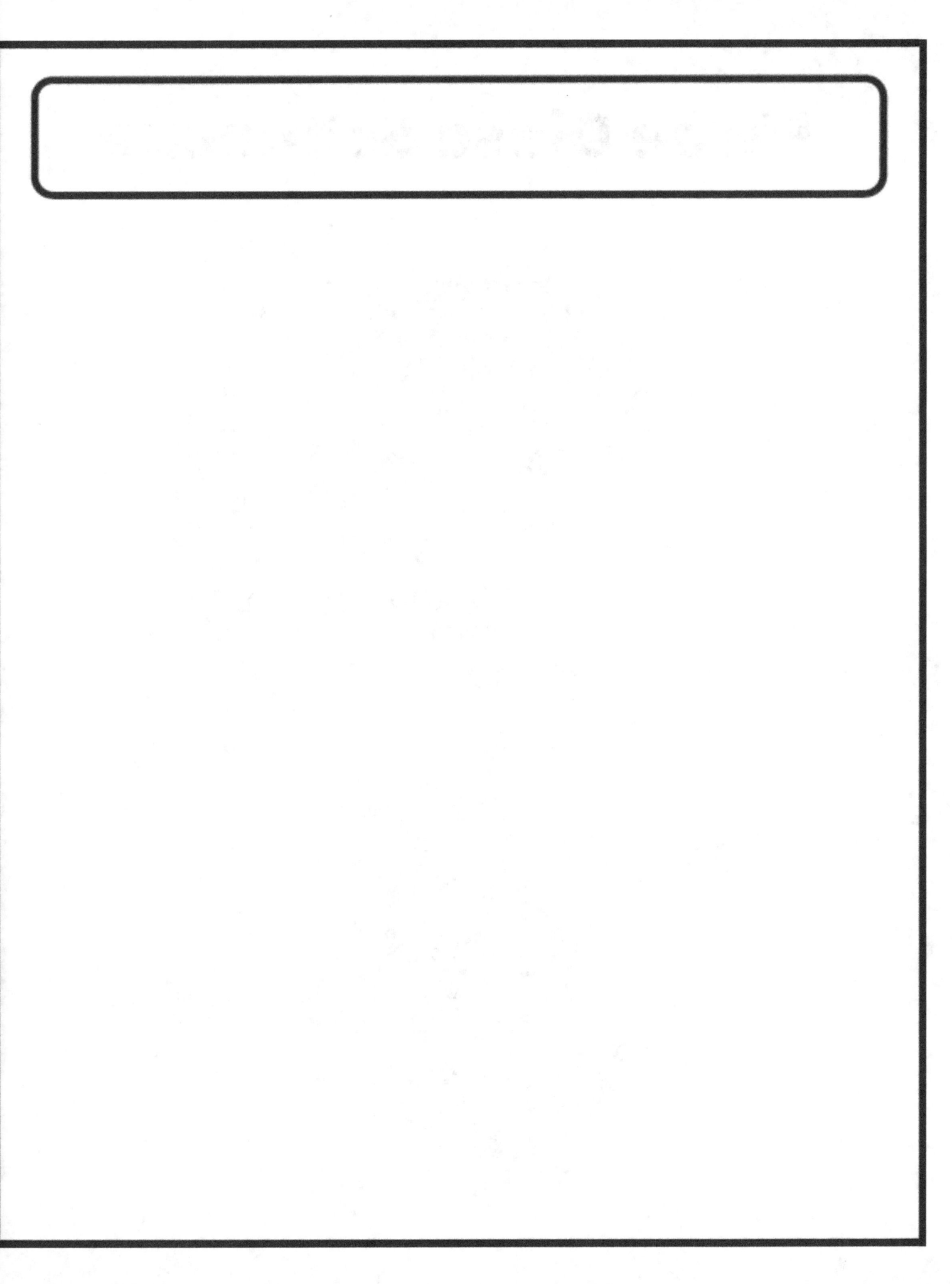

Färbe Diese Schnecke

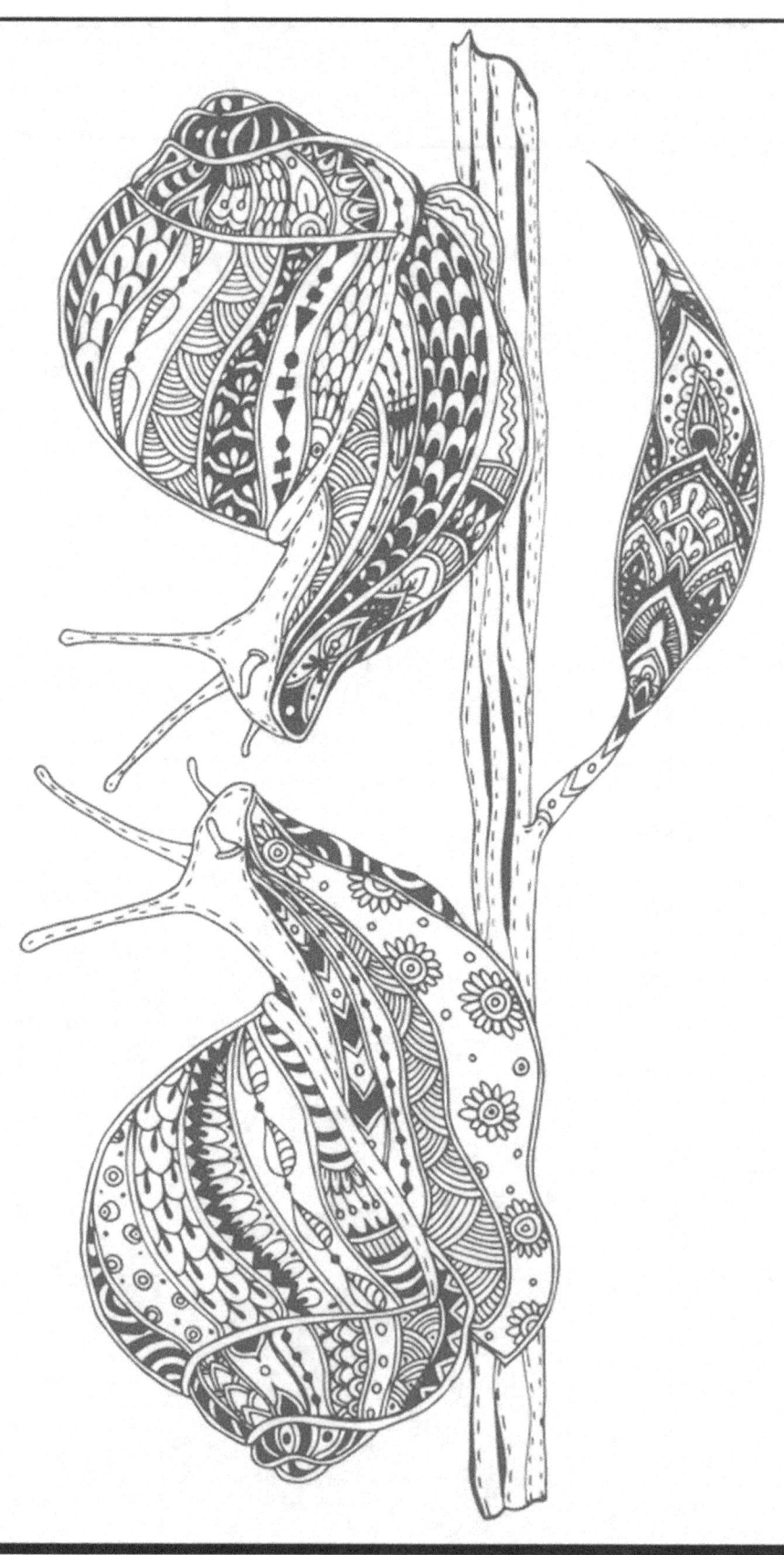

Färbe Diese Schnecke

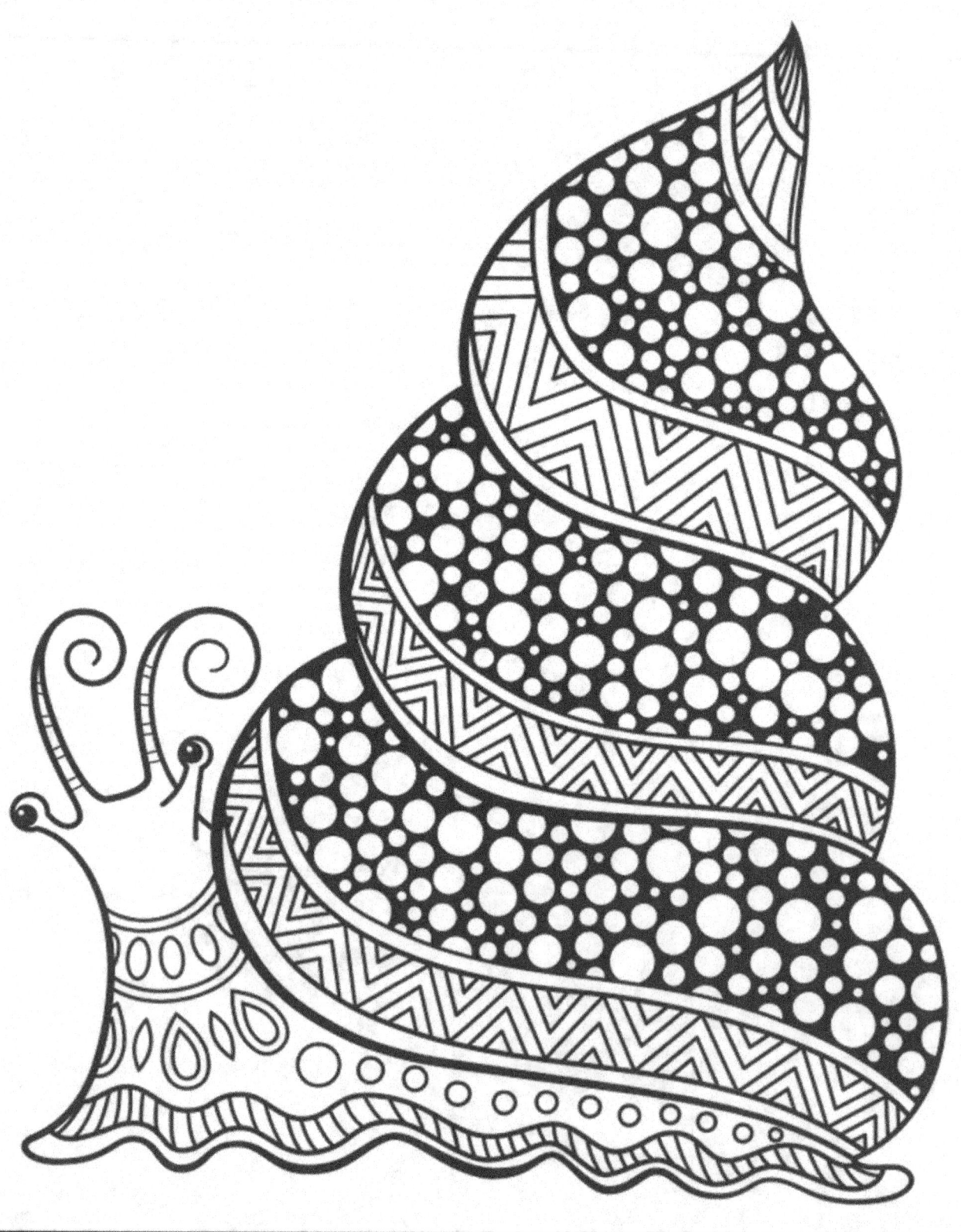

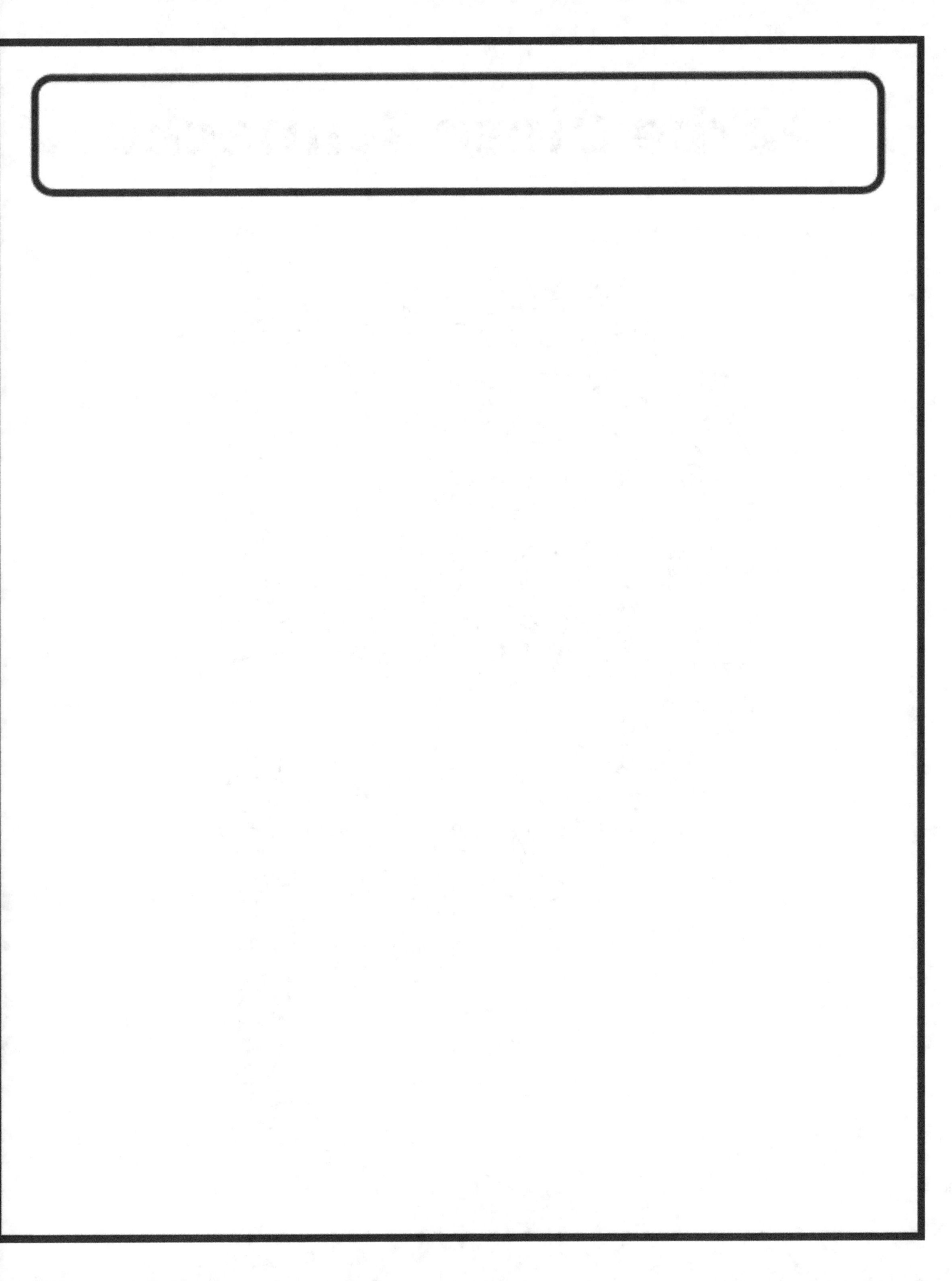

Färbe Diese Schnecke

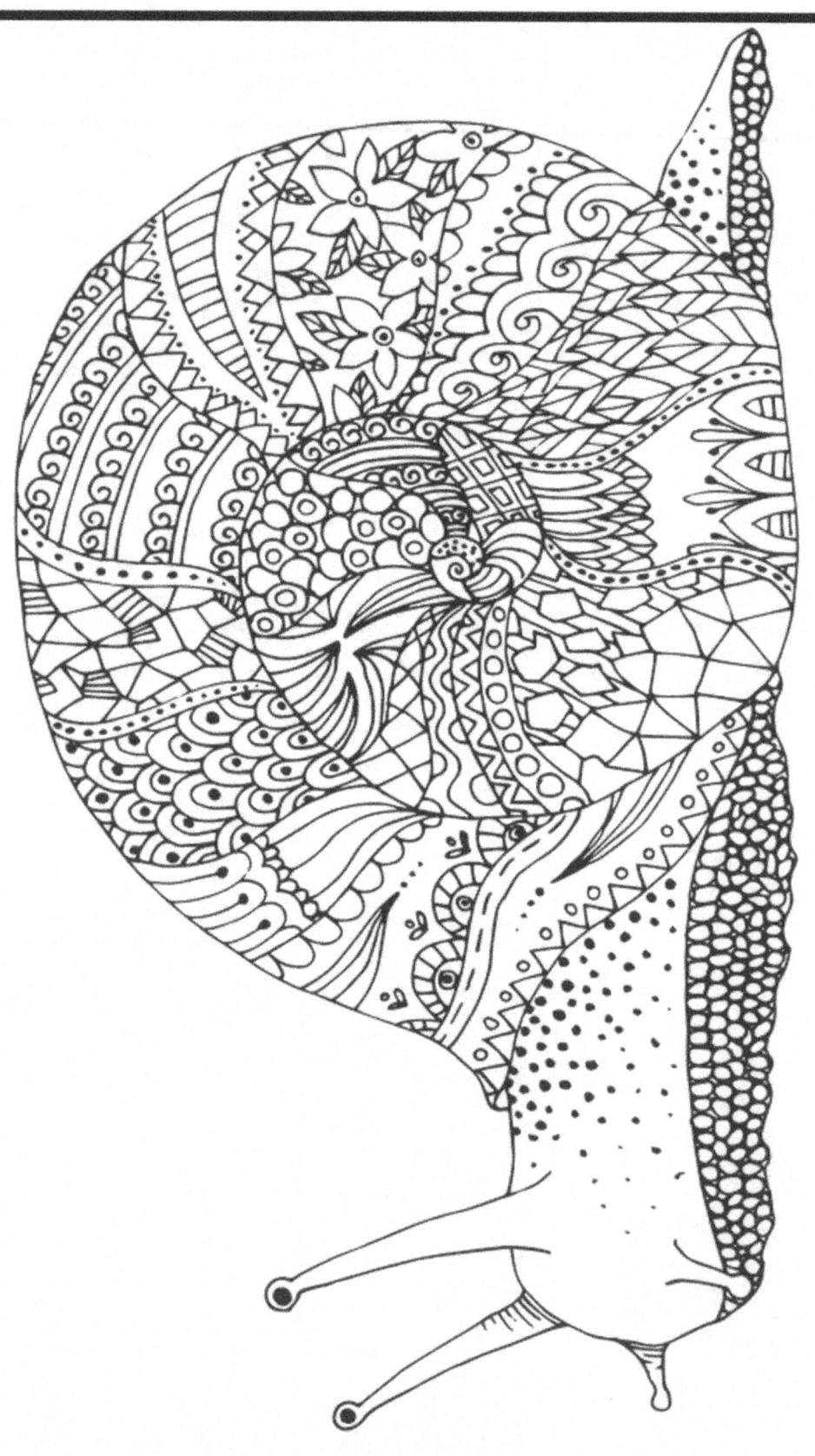

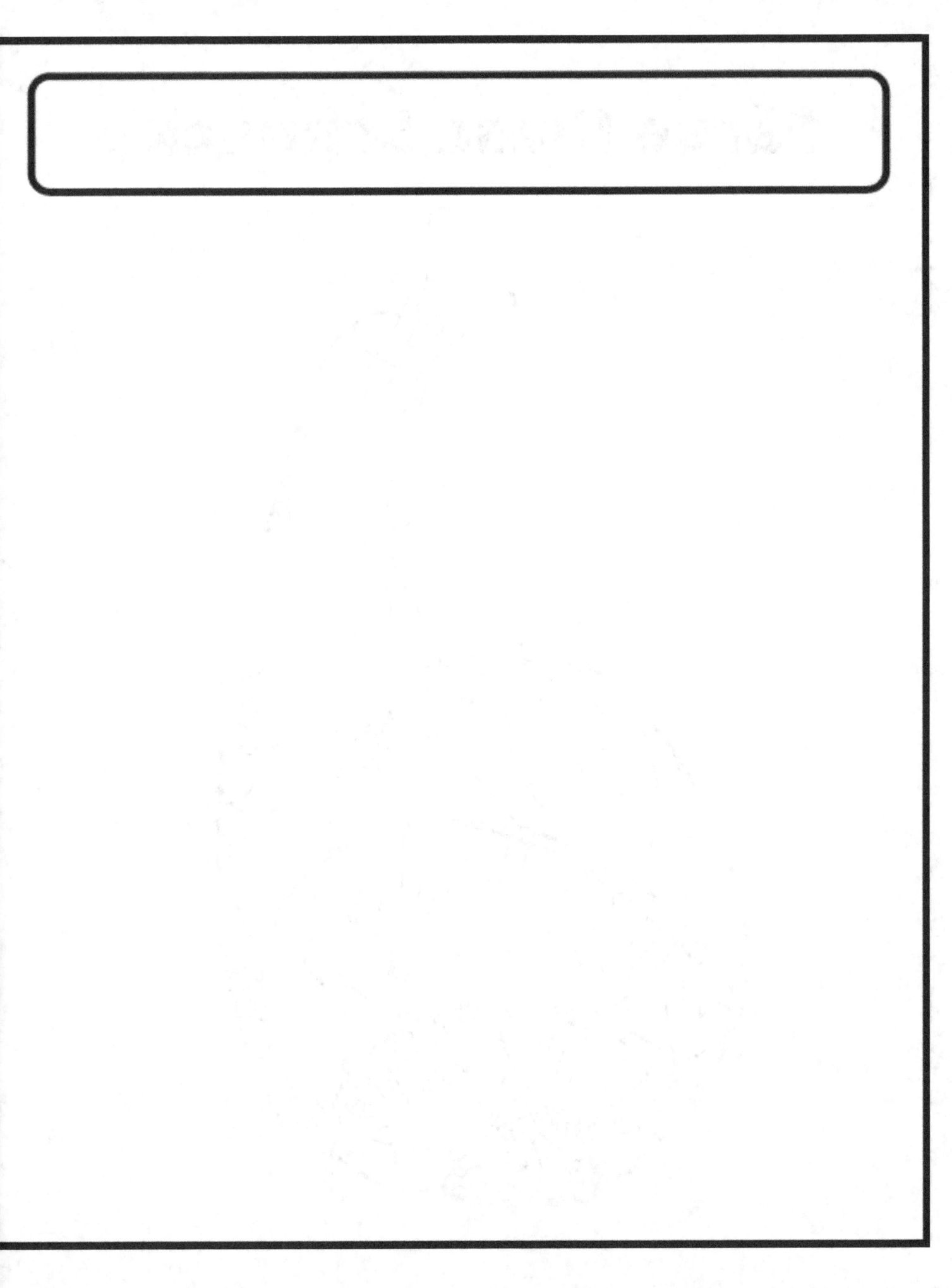

Färbe Diese Schnecke

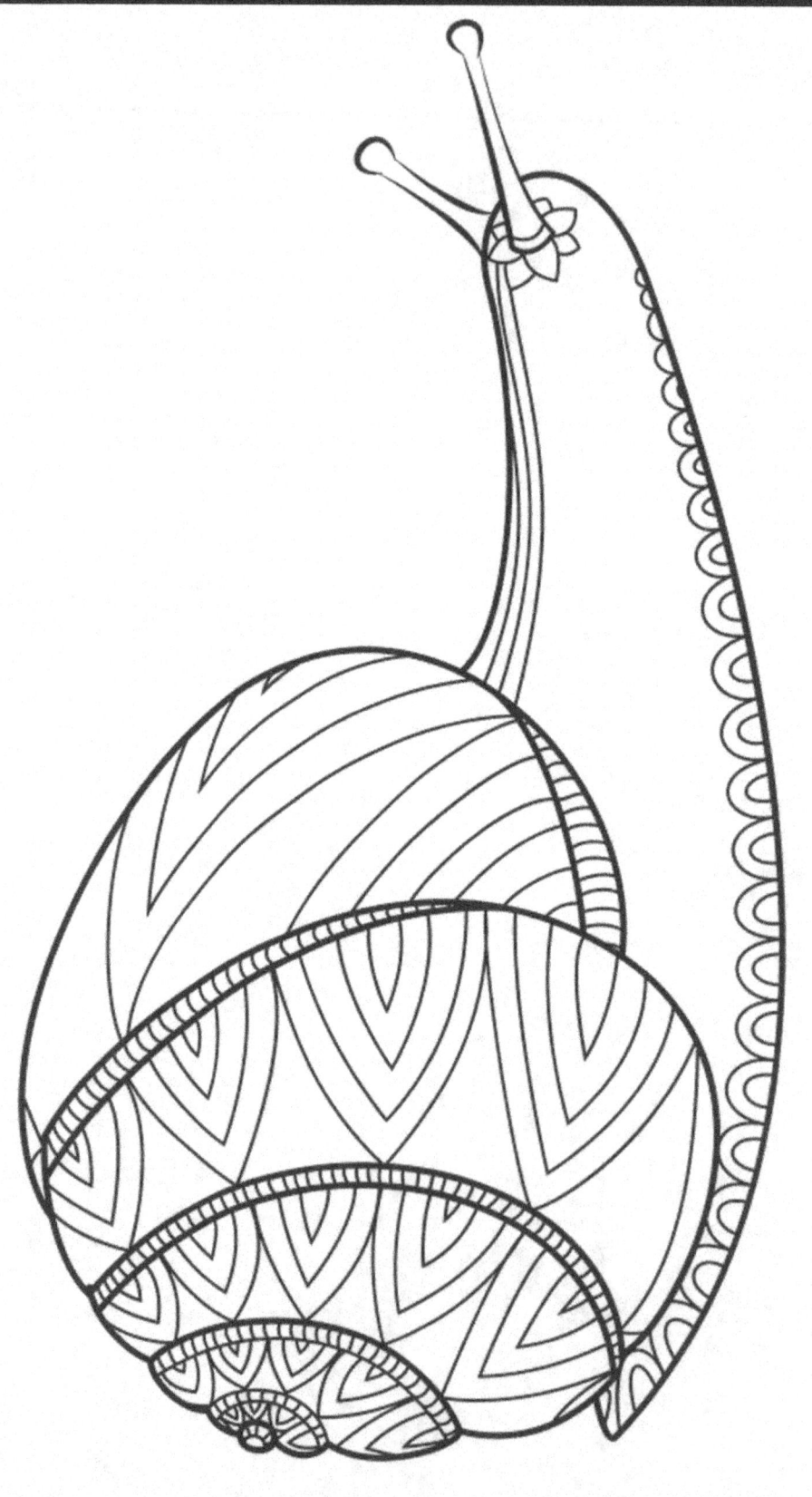

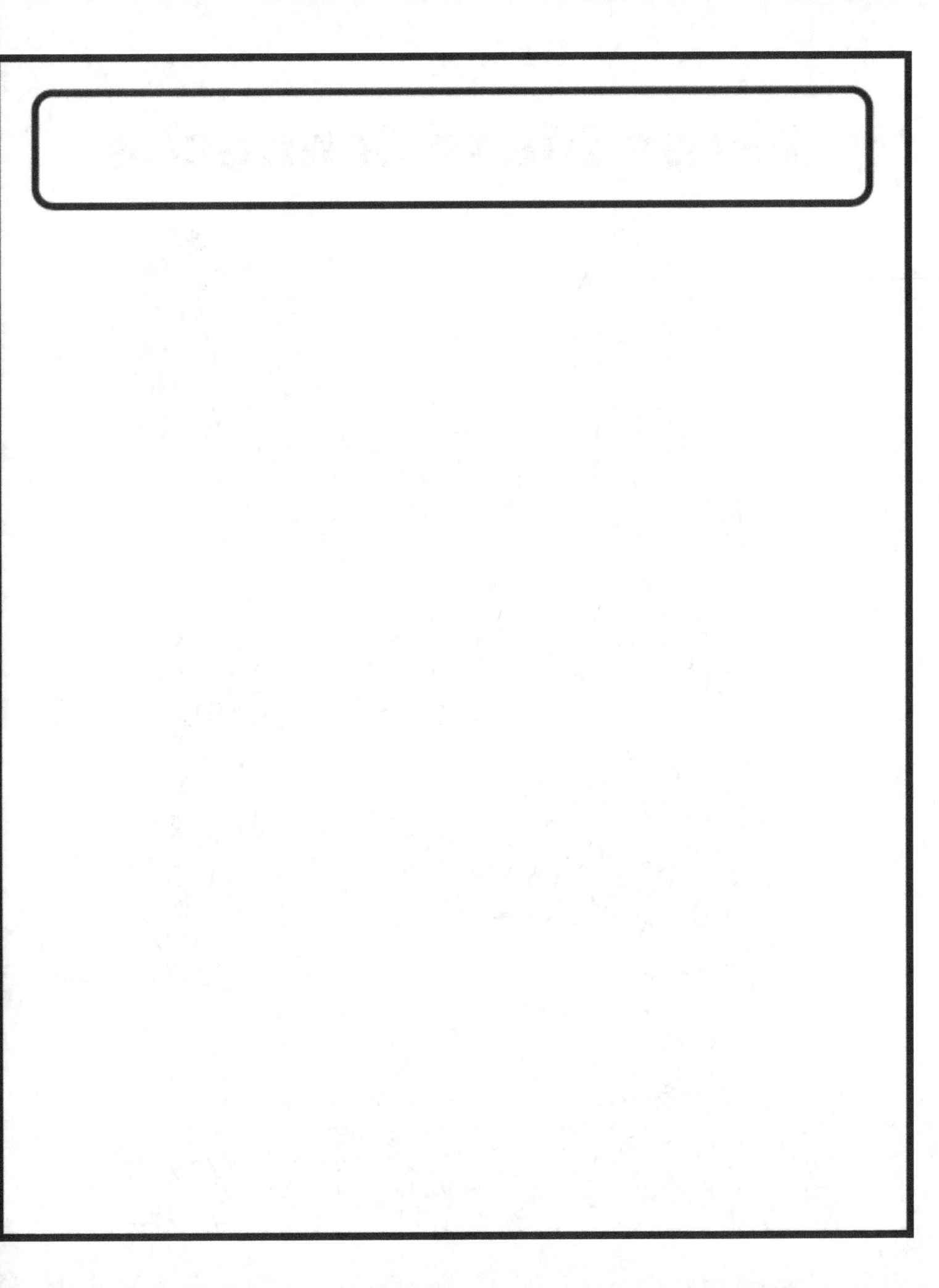

Färbe Diese Schnecke

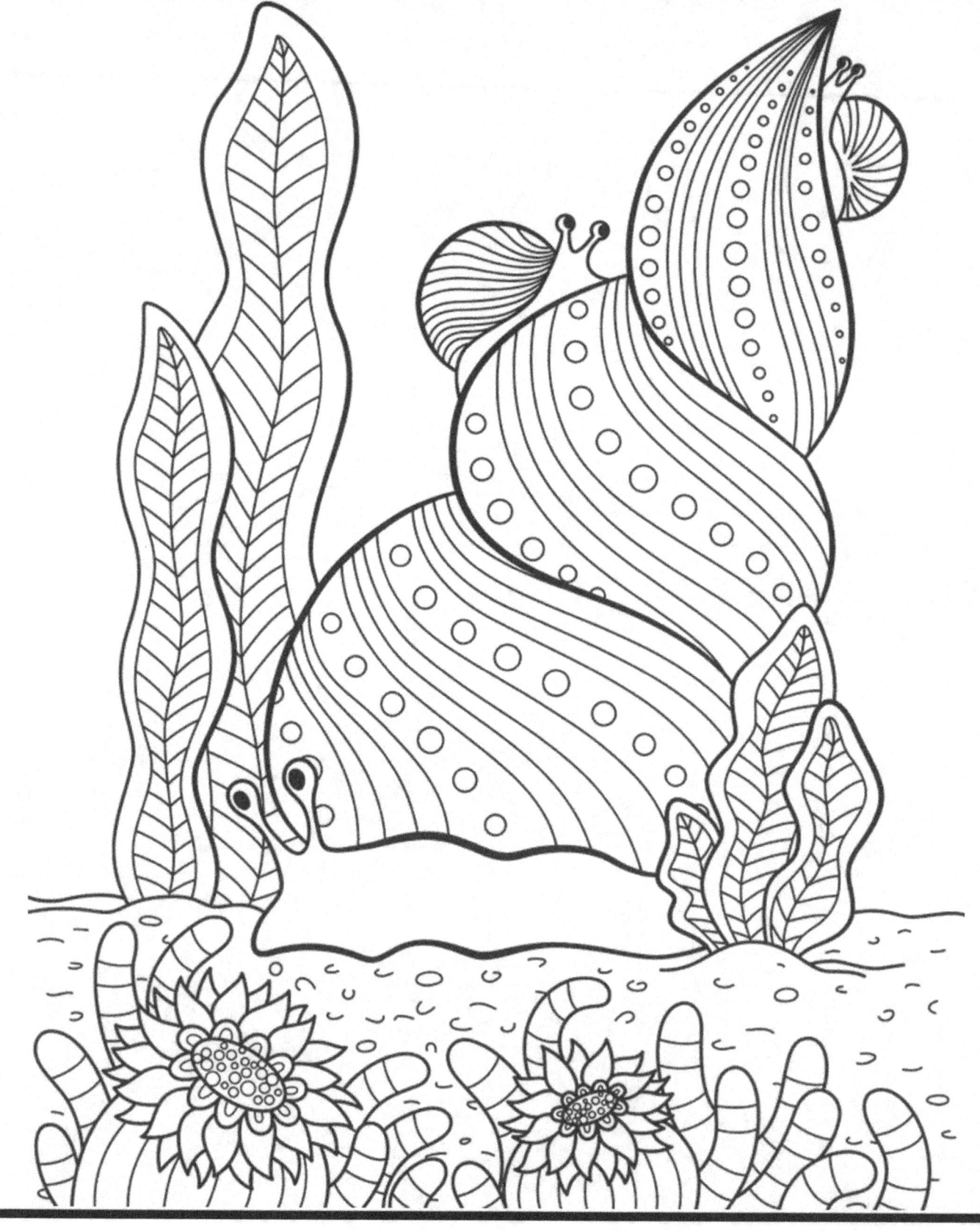

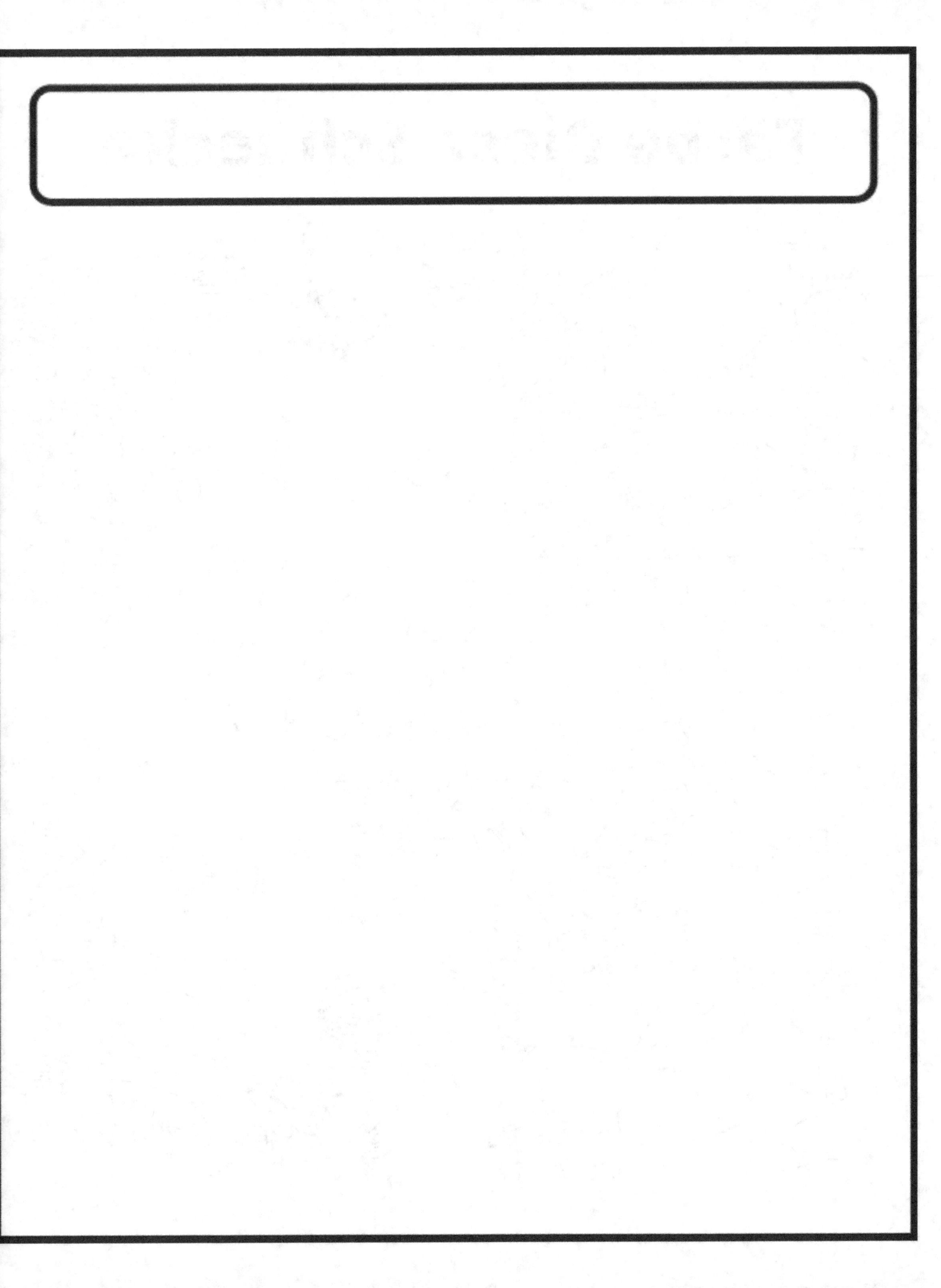

Färbe Diese Schnecke

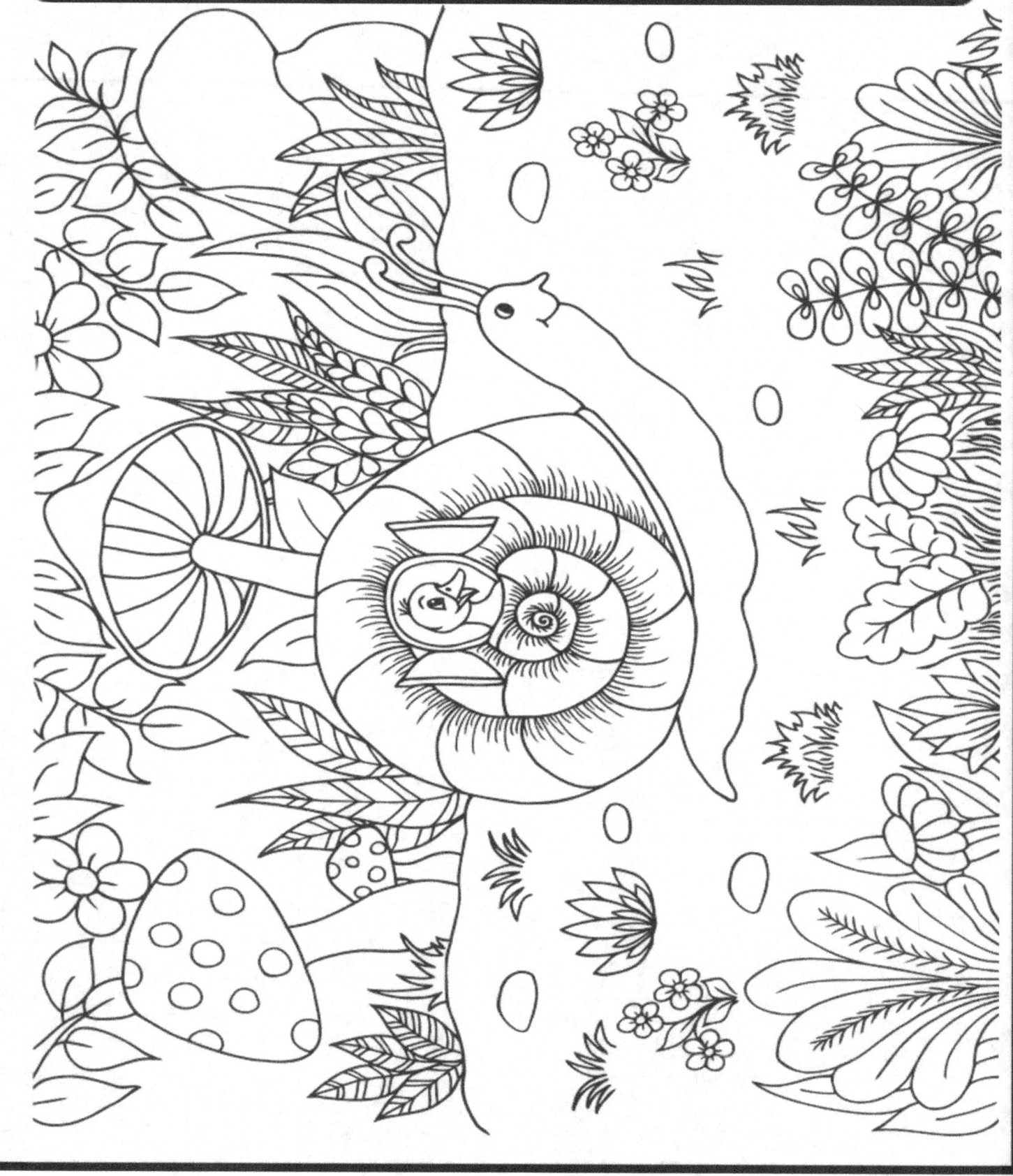

Färbe Diese Schnecke

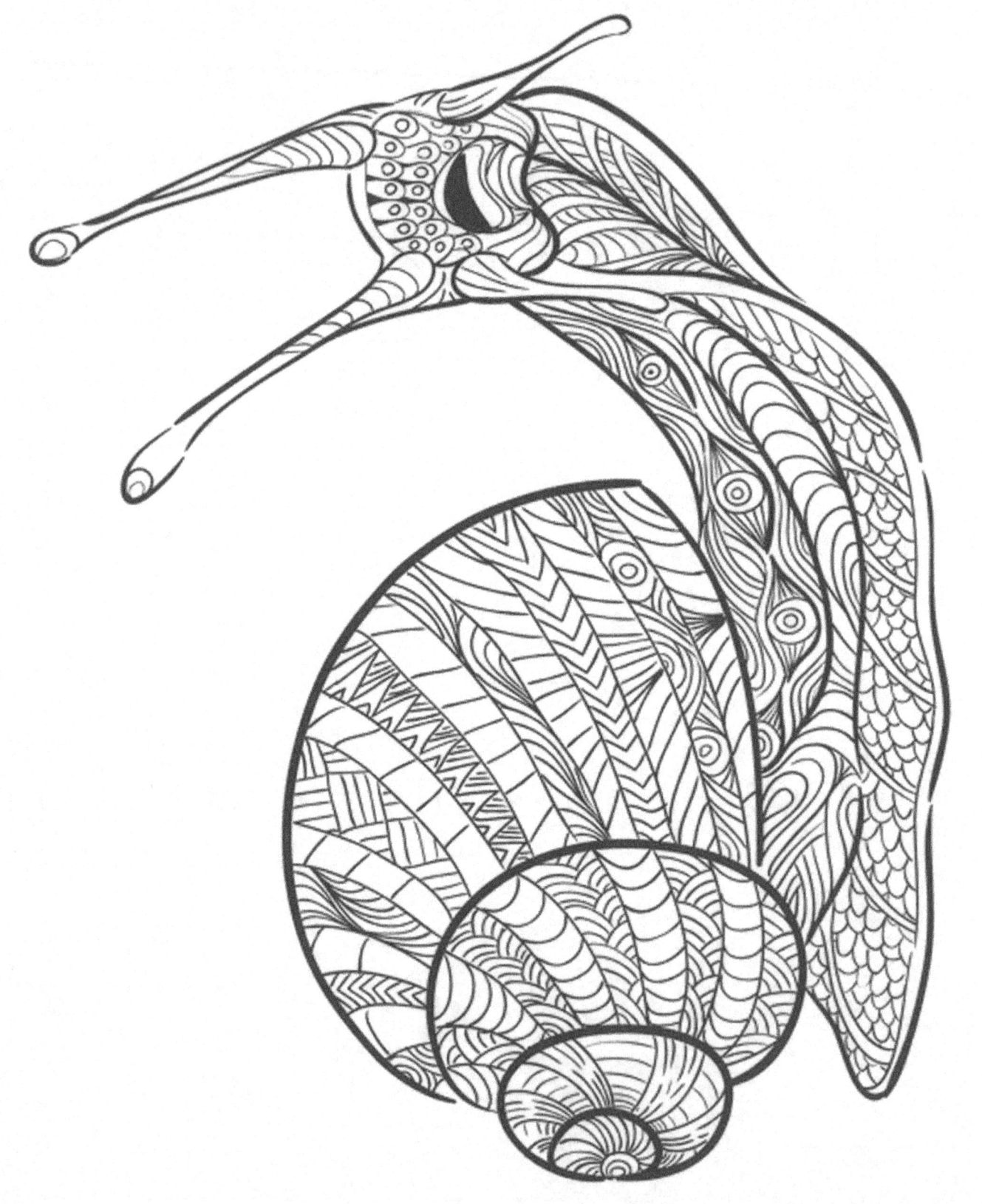

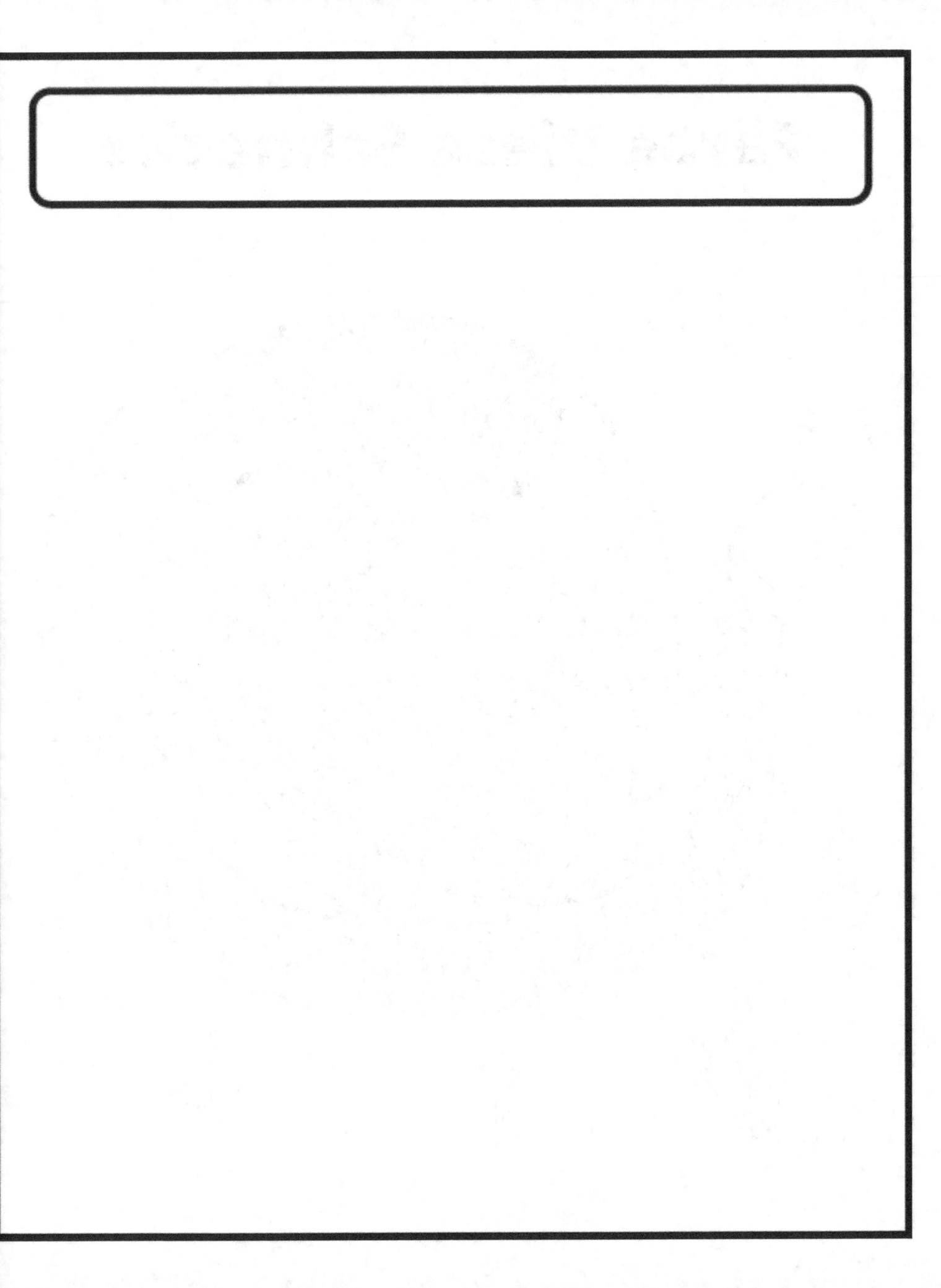

Färbe Diese Schnecke

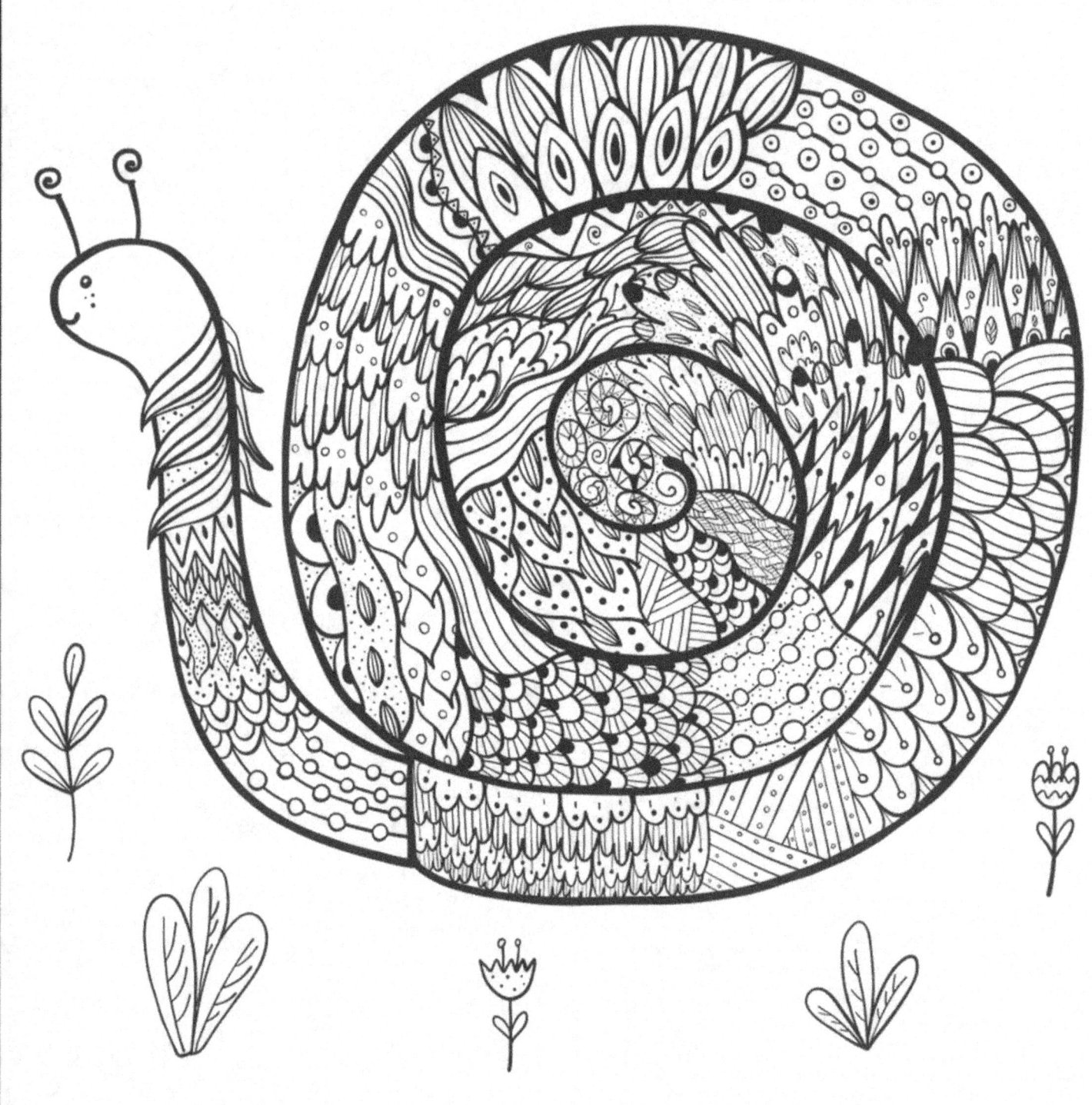

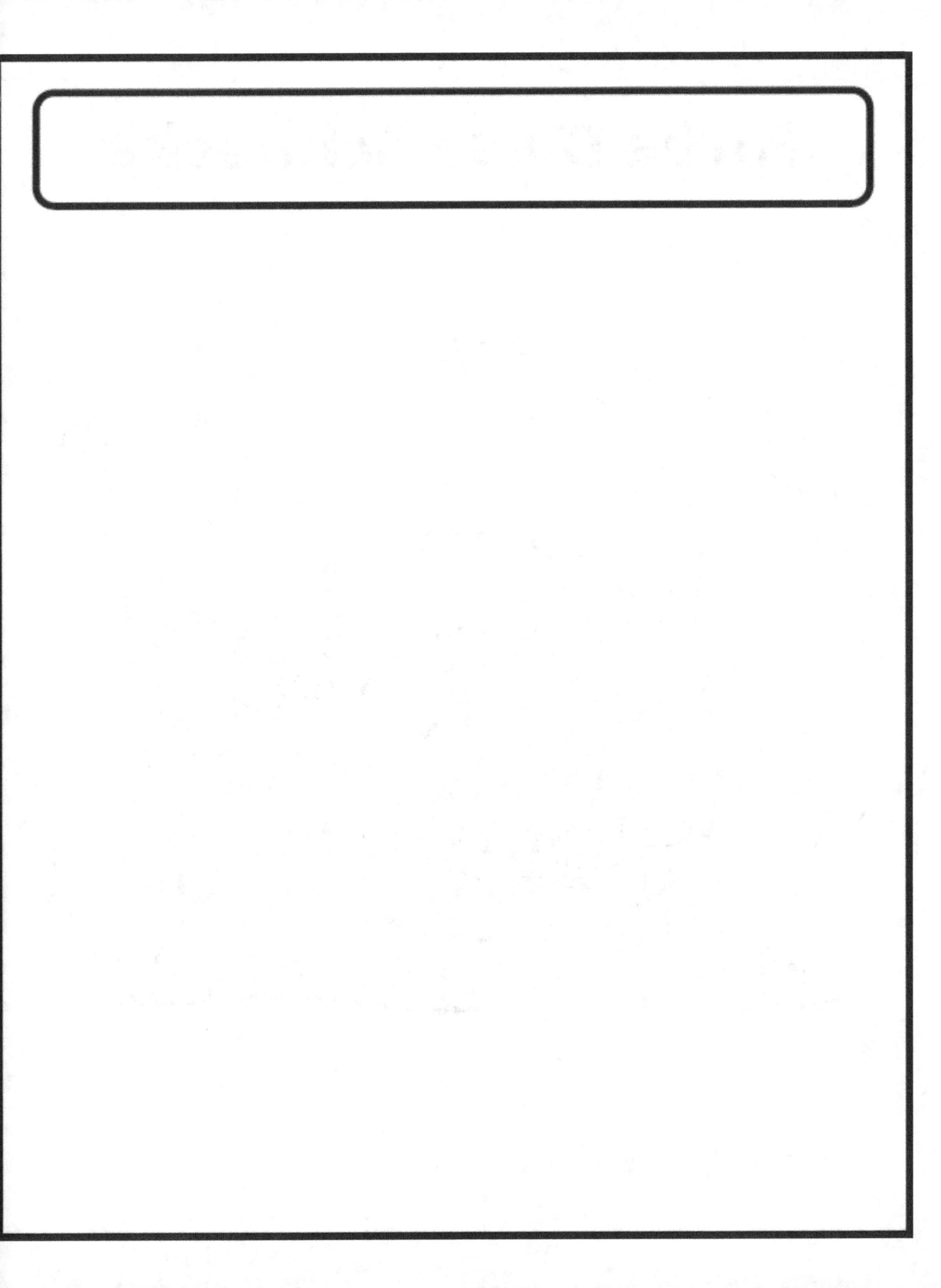

Färbe Diese Schnecke

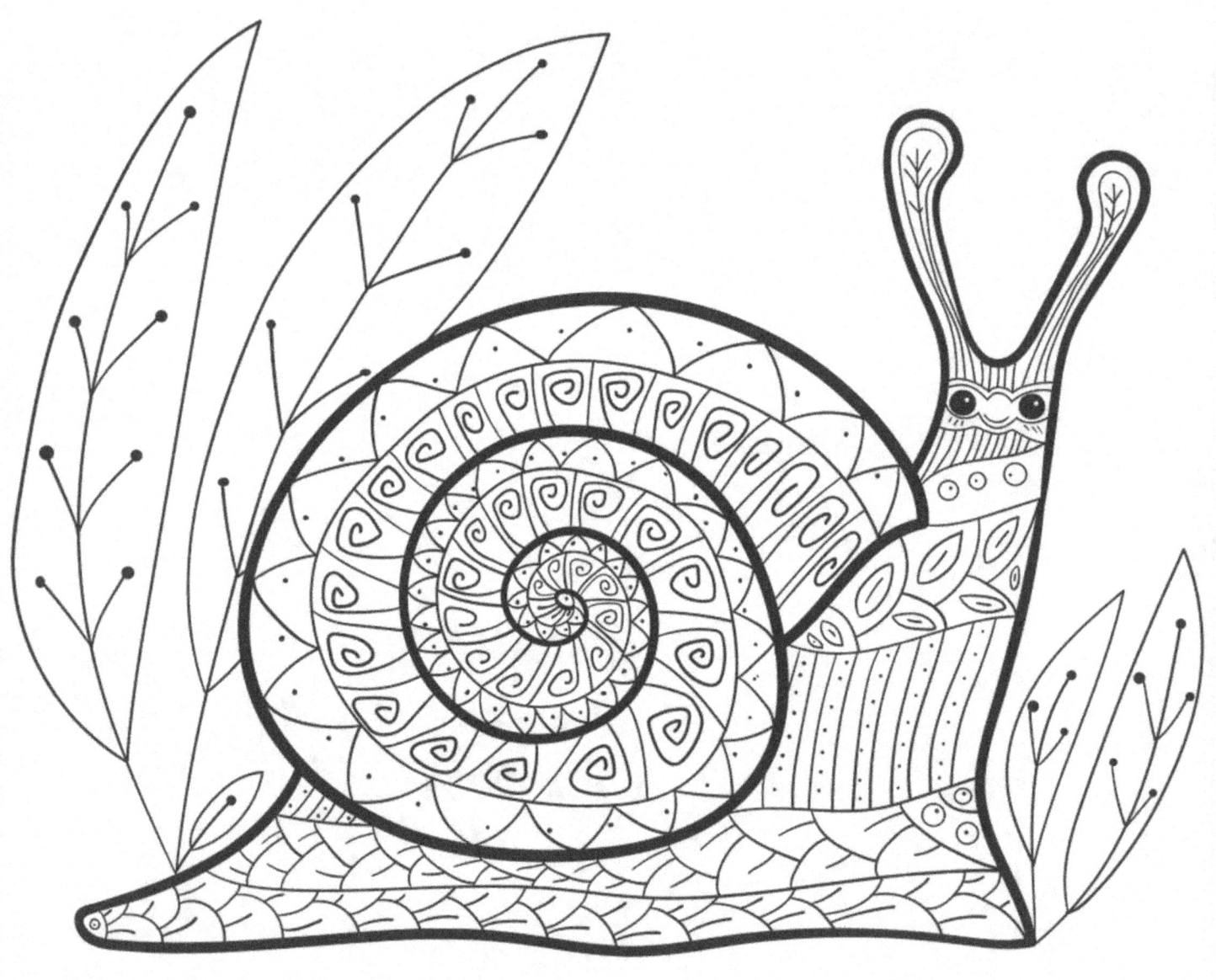

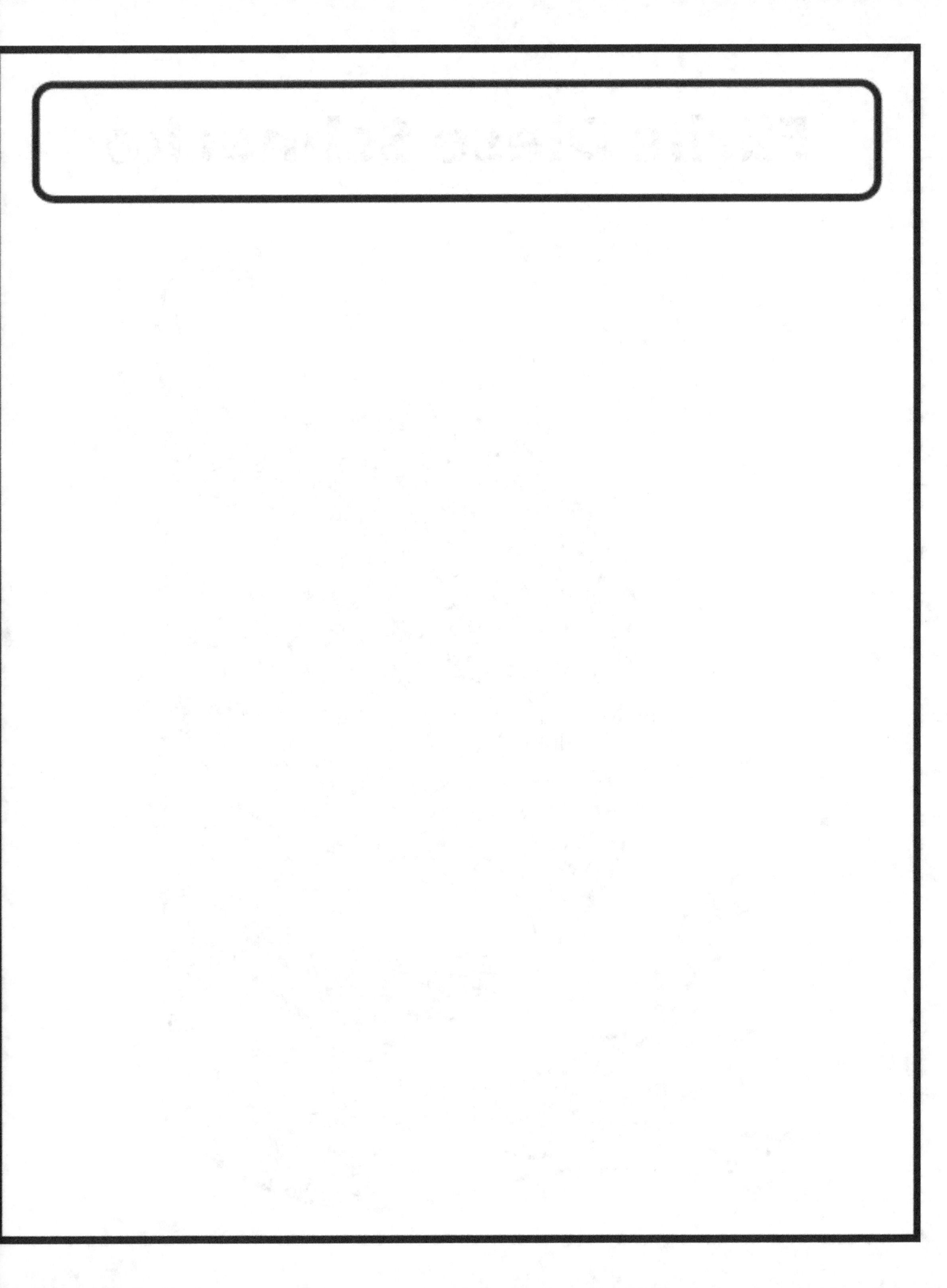

Färbe Diese Schnecke

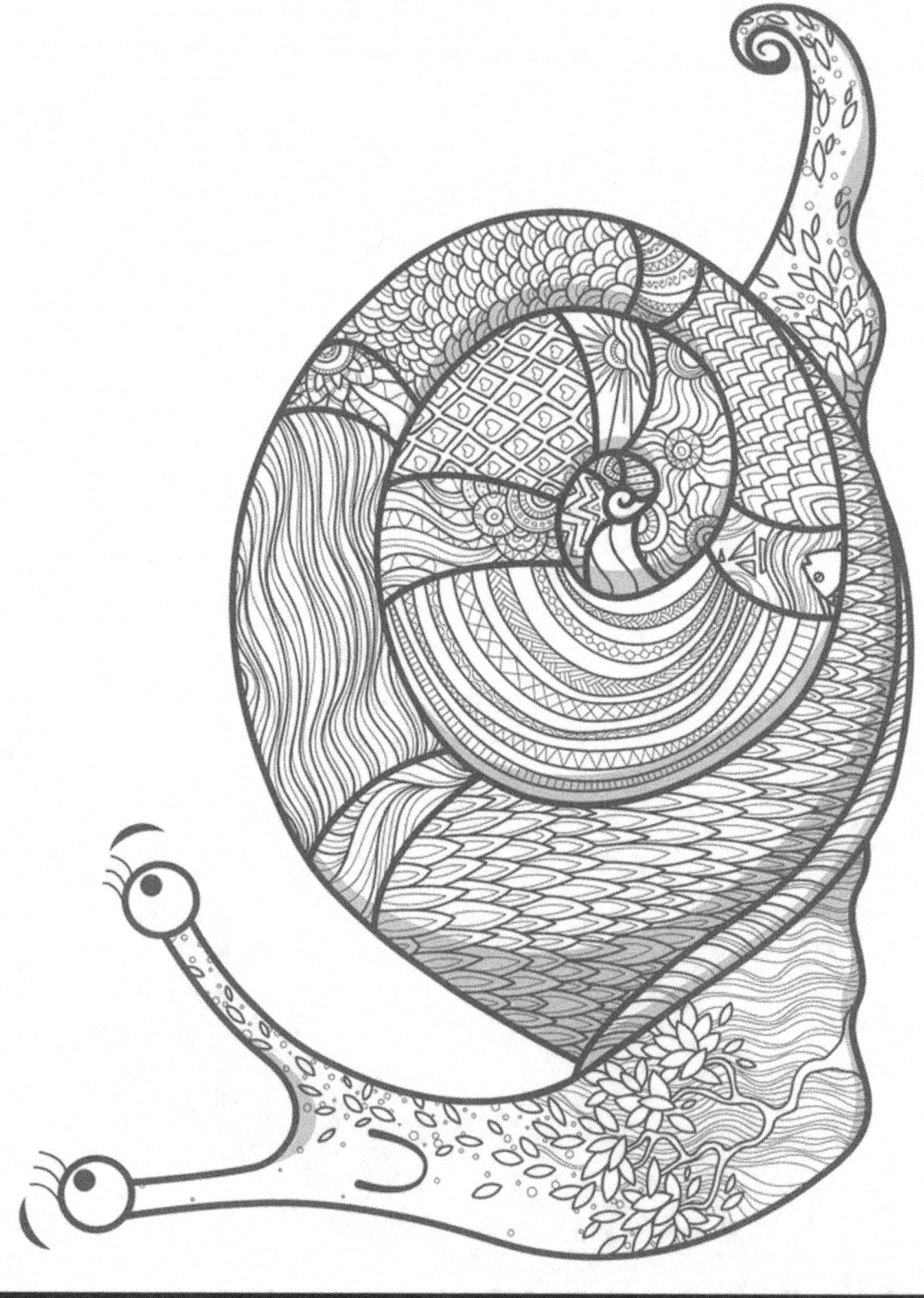

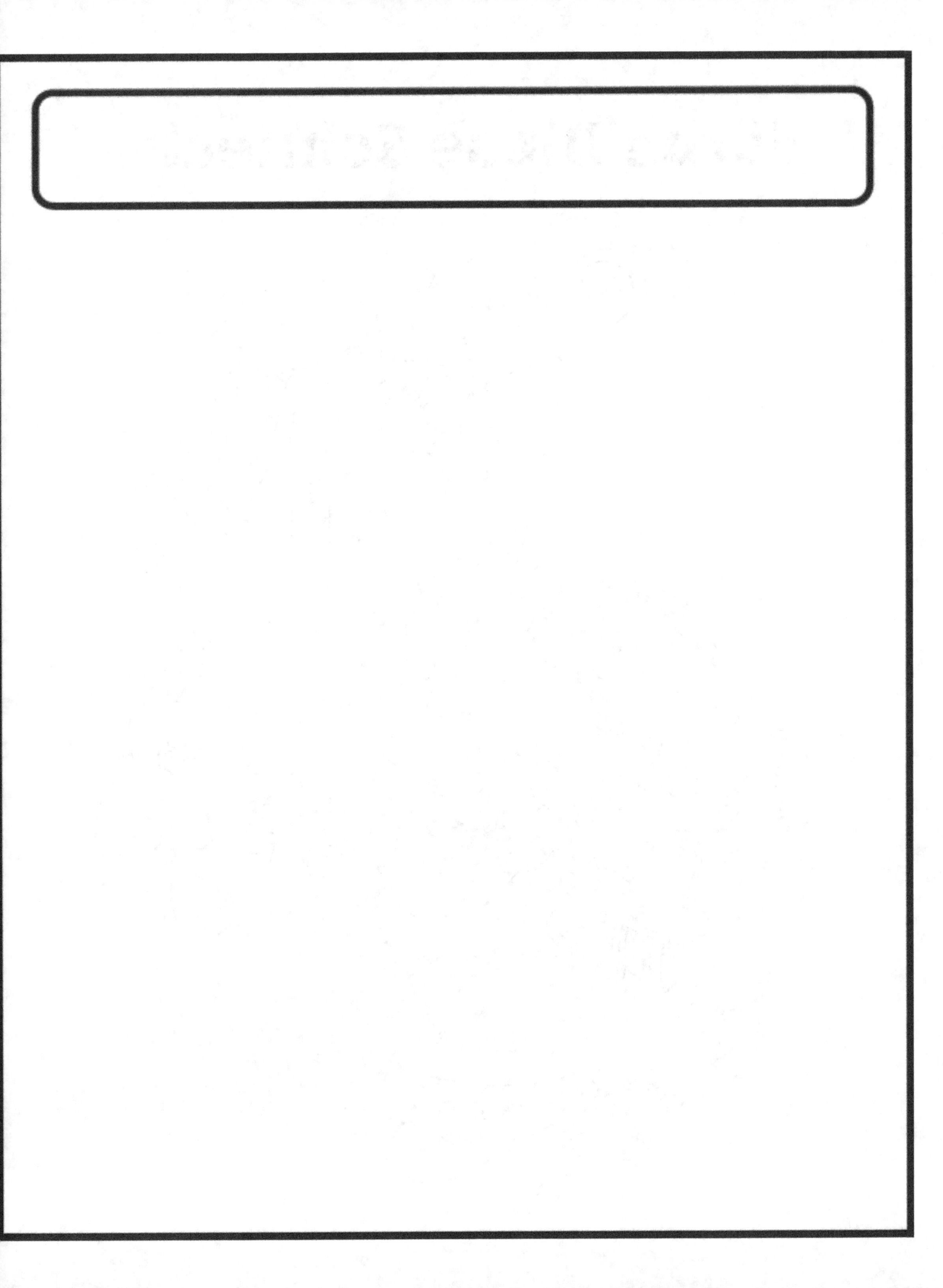

Färbe Diese Schnecke

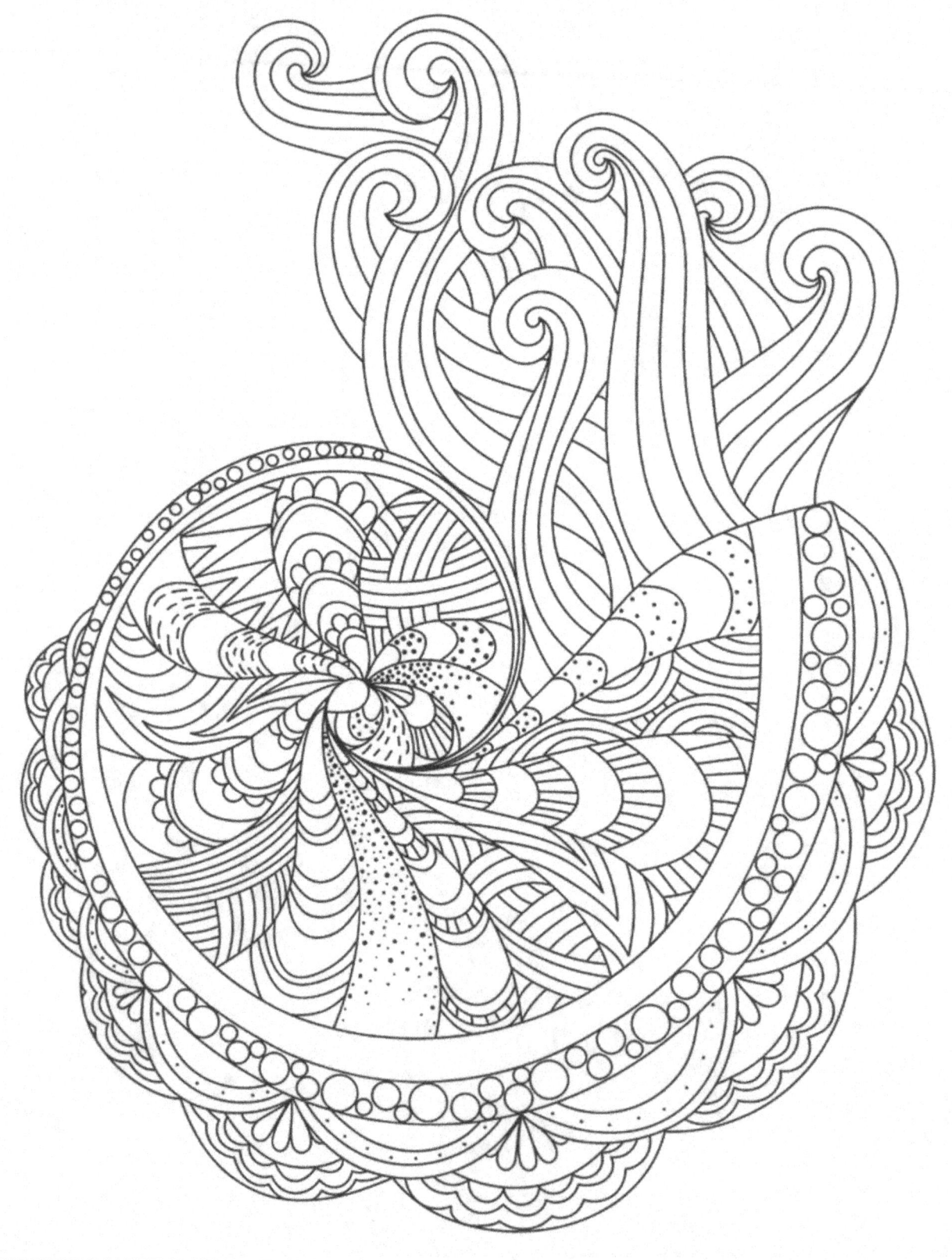

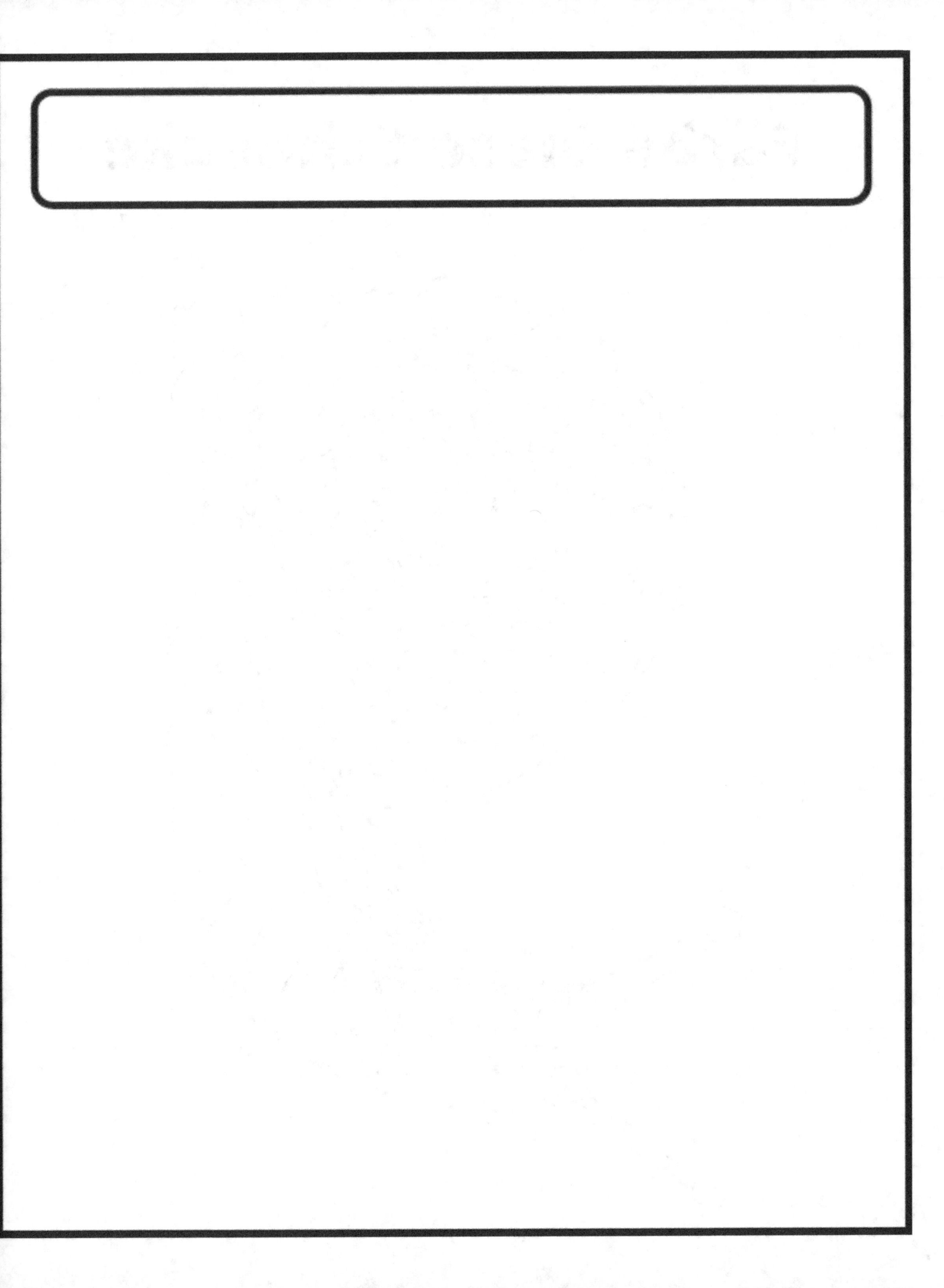

Färbe Diese Schnecke

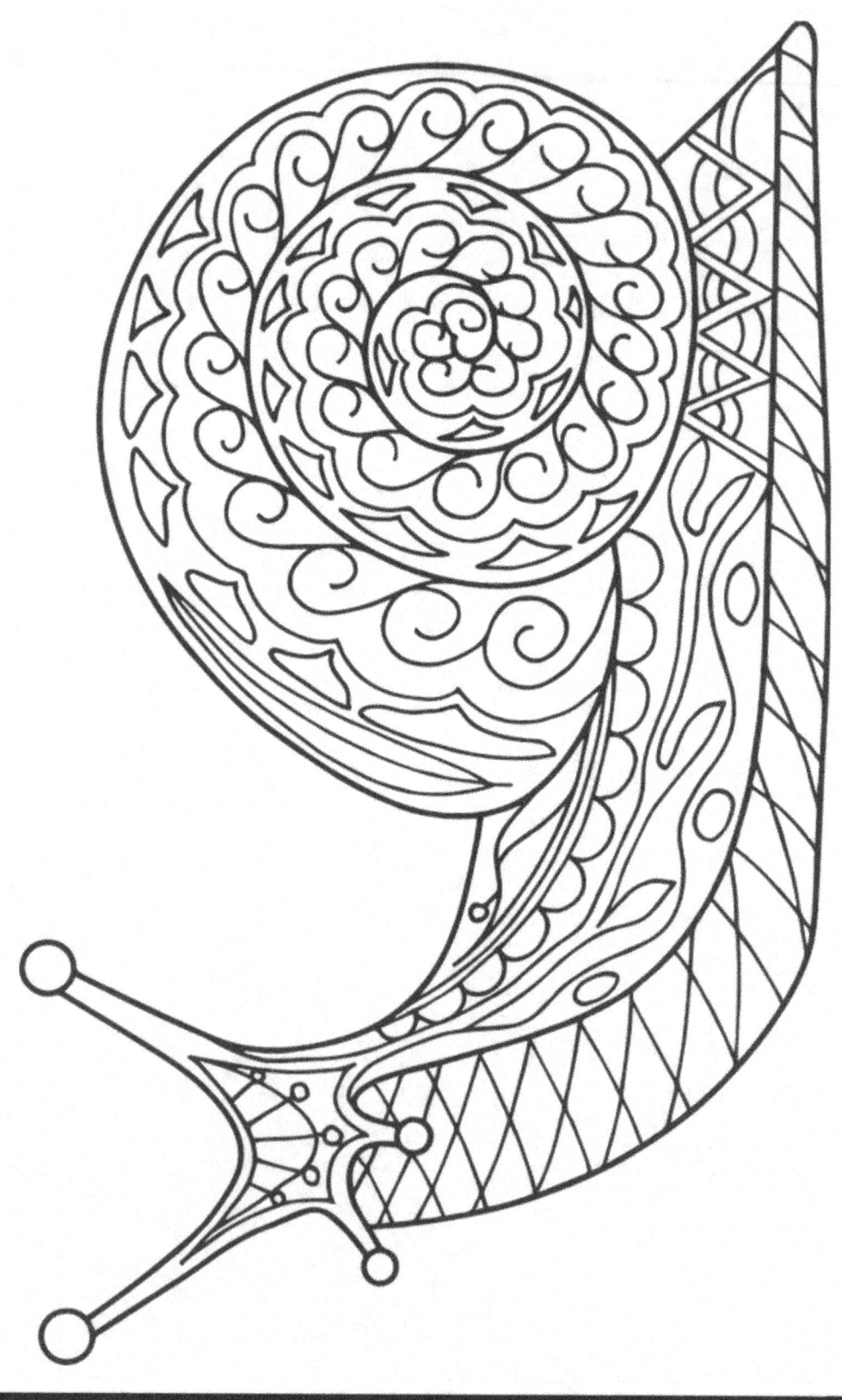

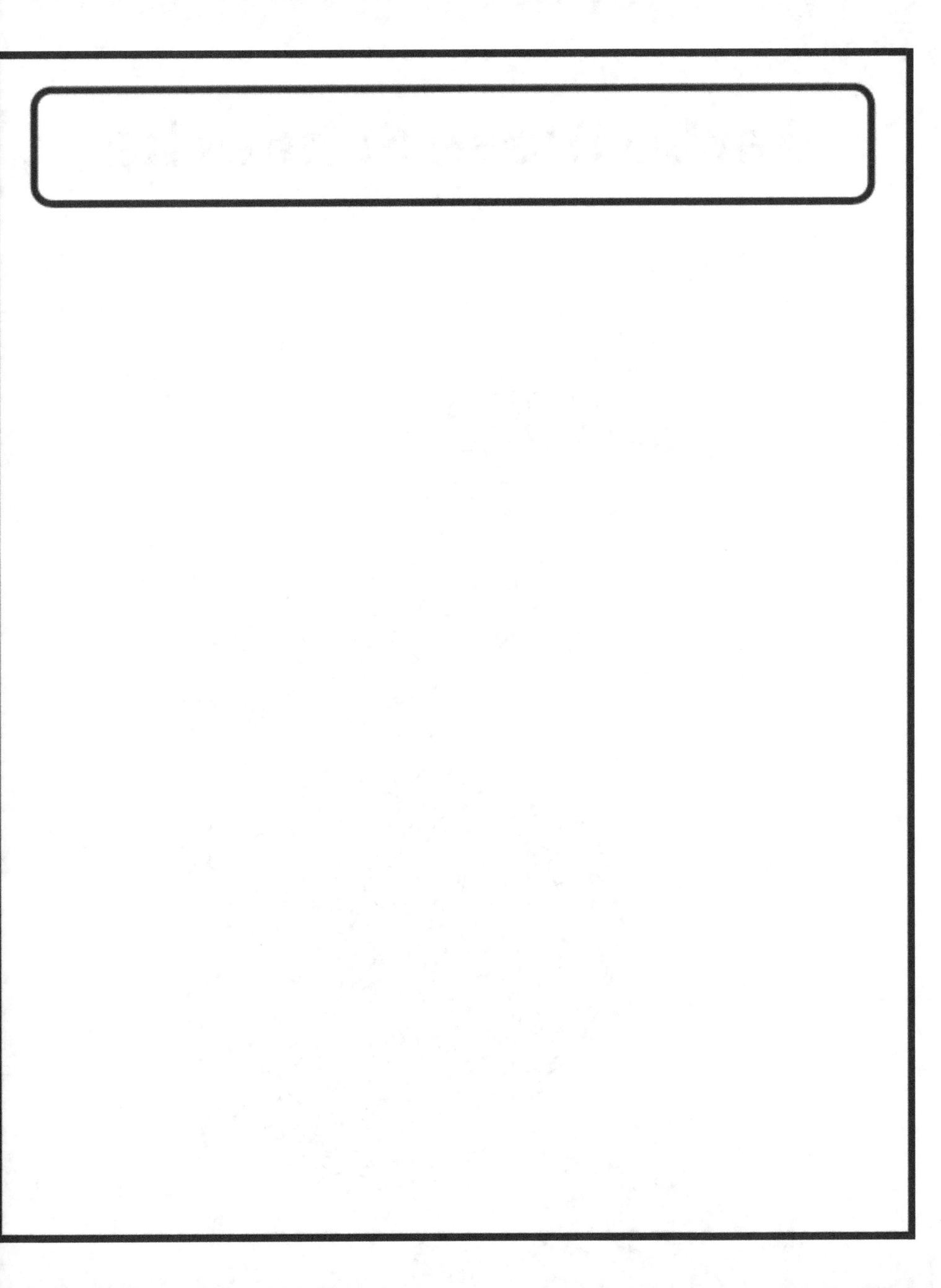

Färbe Diese Schnecke

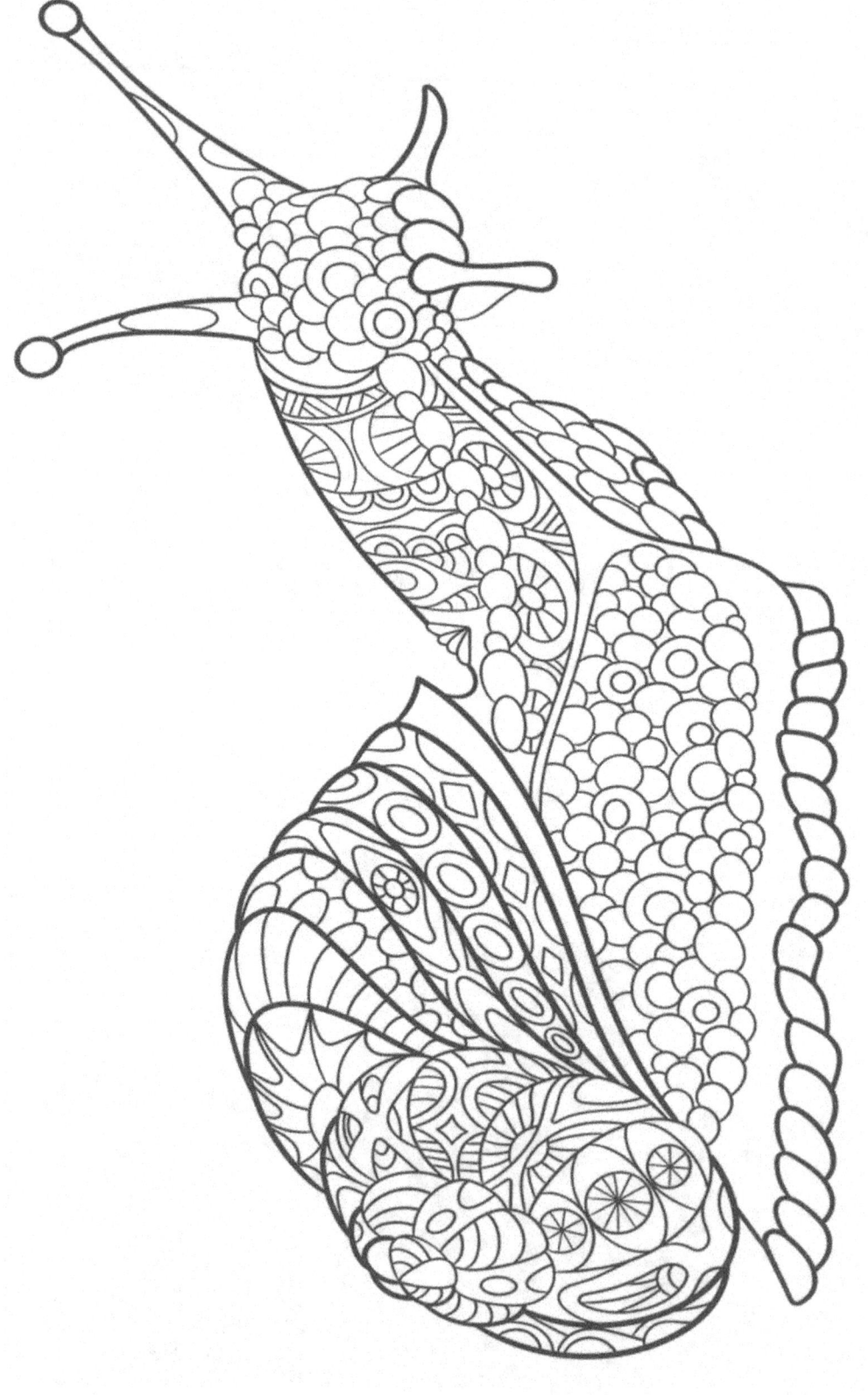

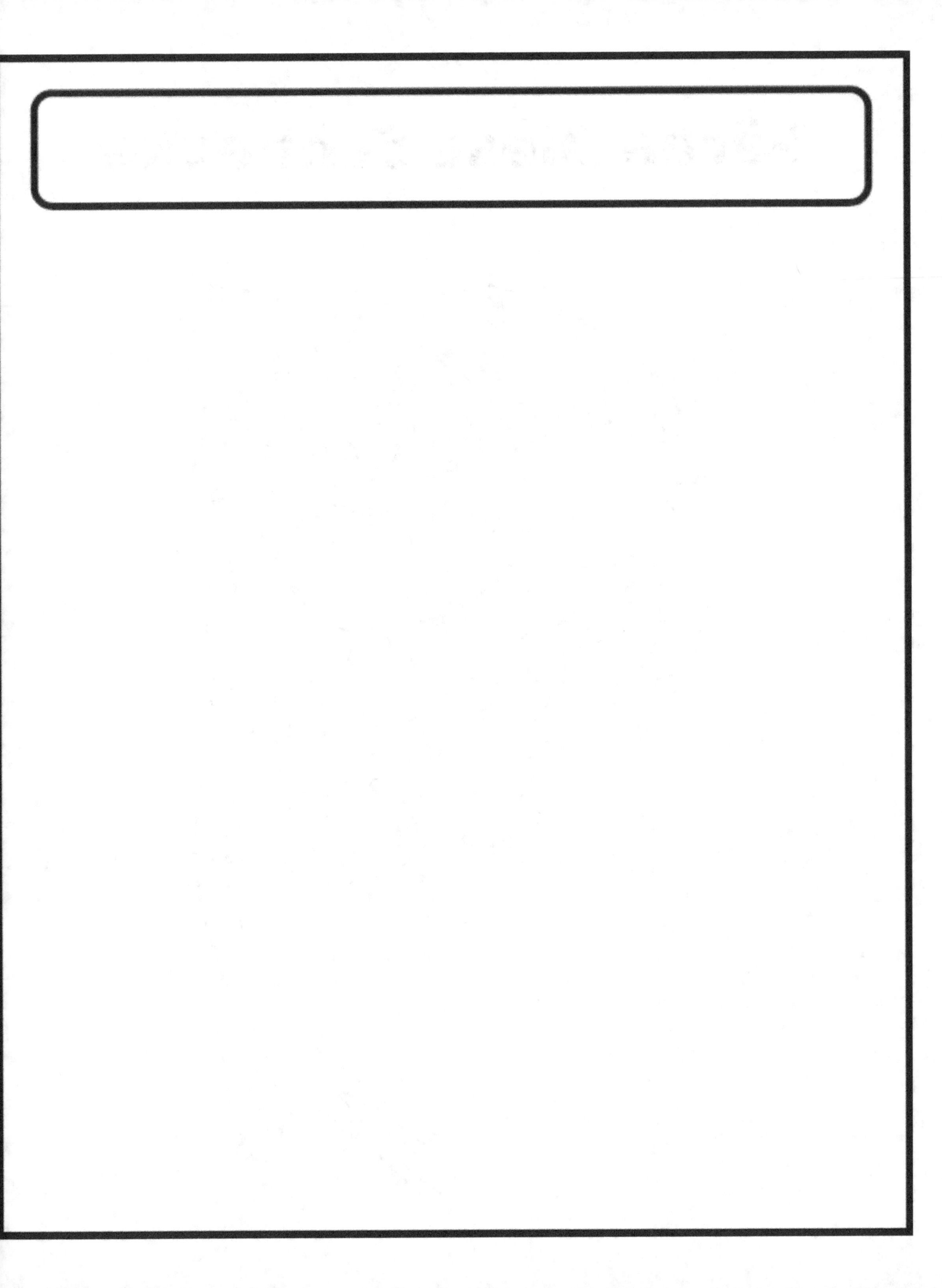

Färbe Diese Schnecke

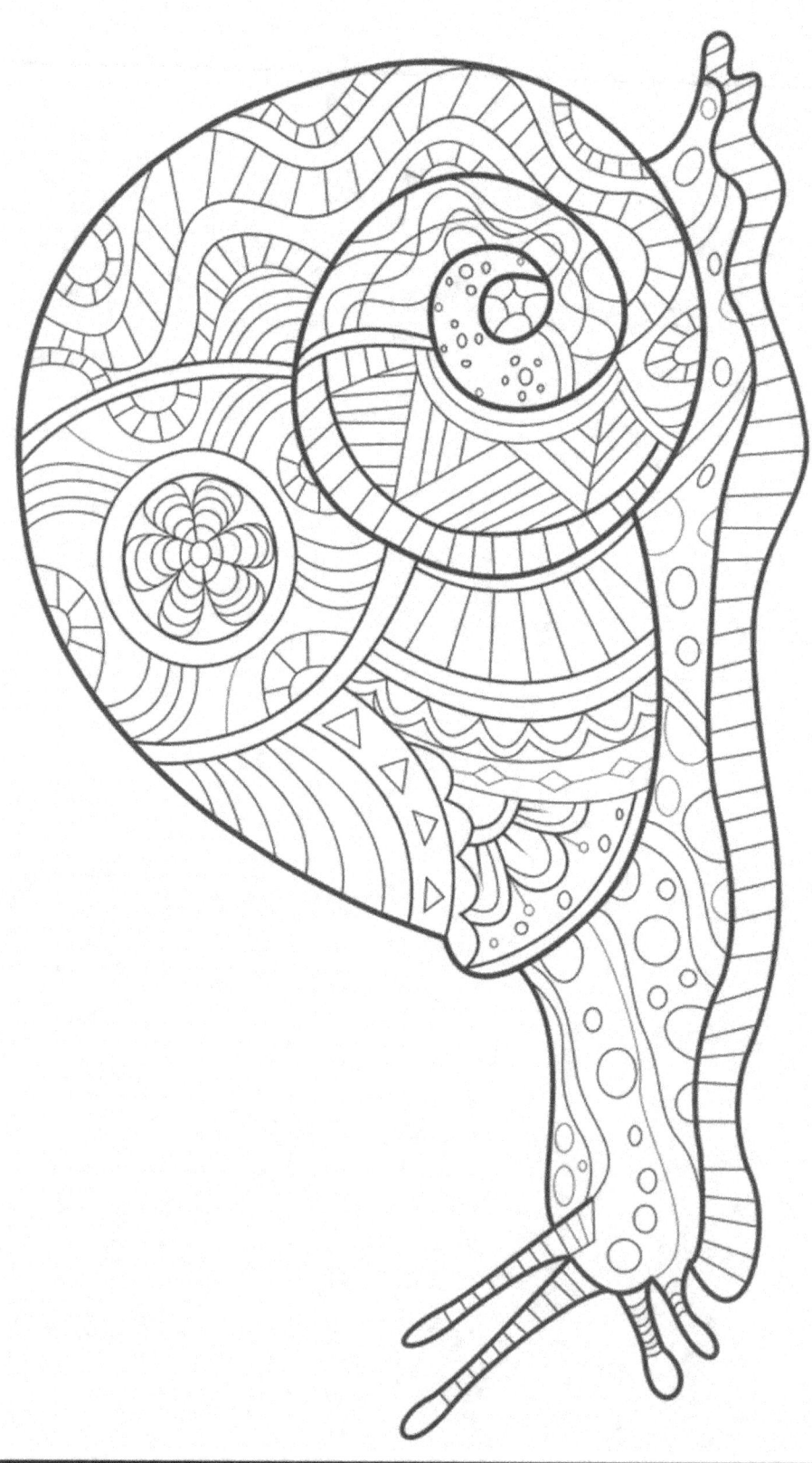

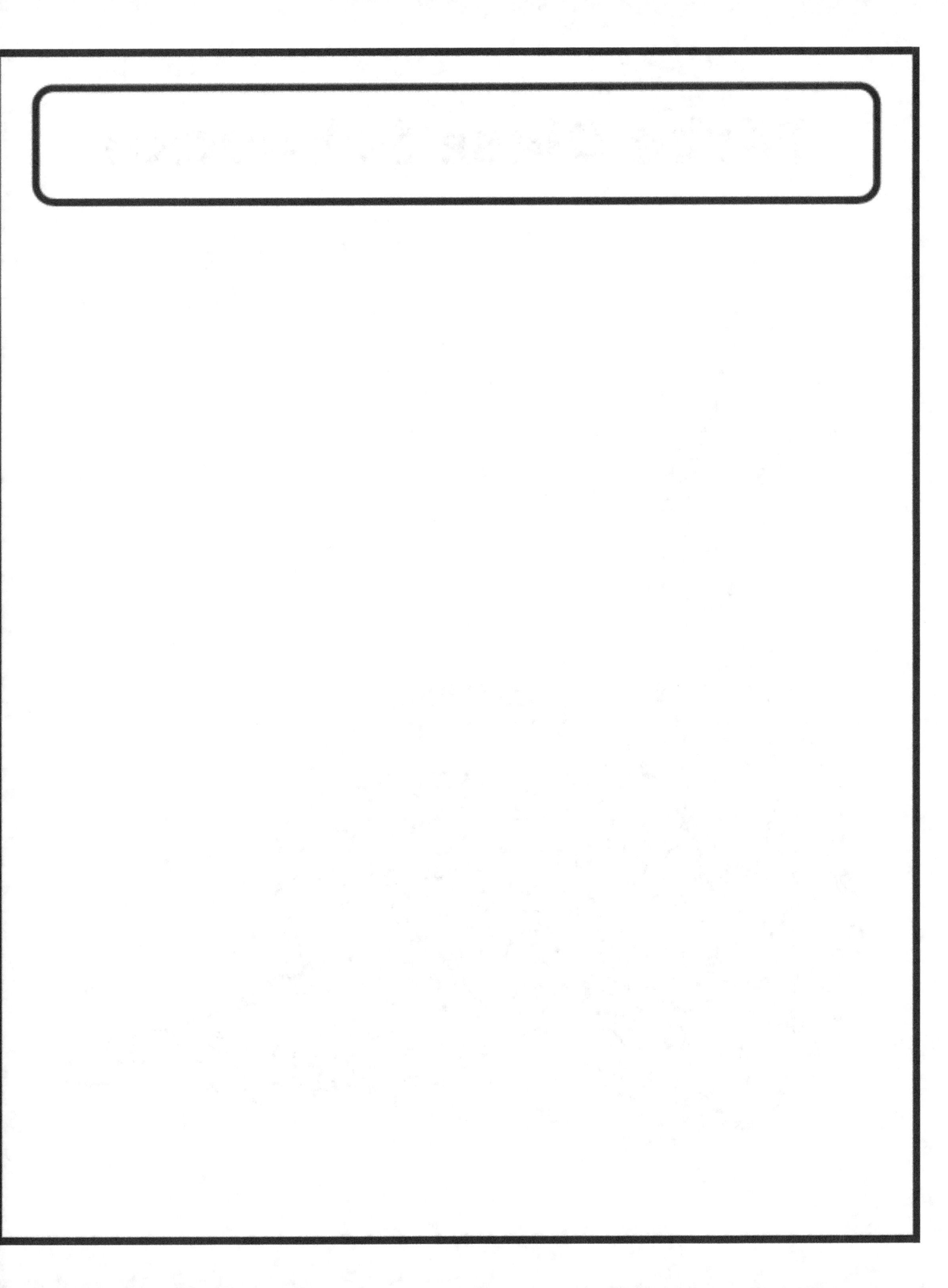

Färbe Diese Schnecke

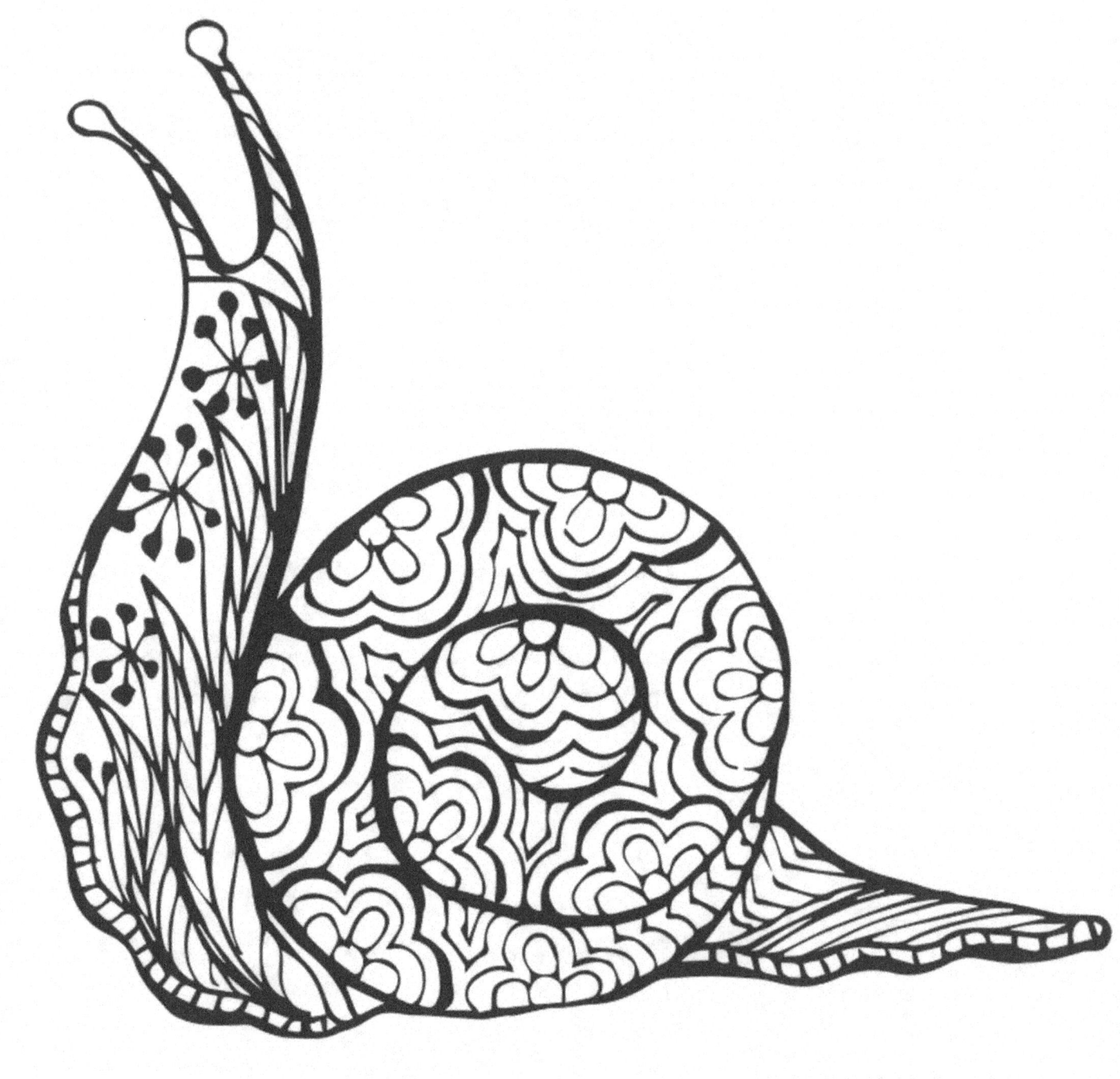

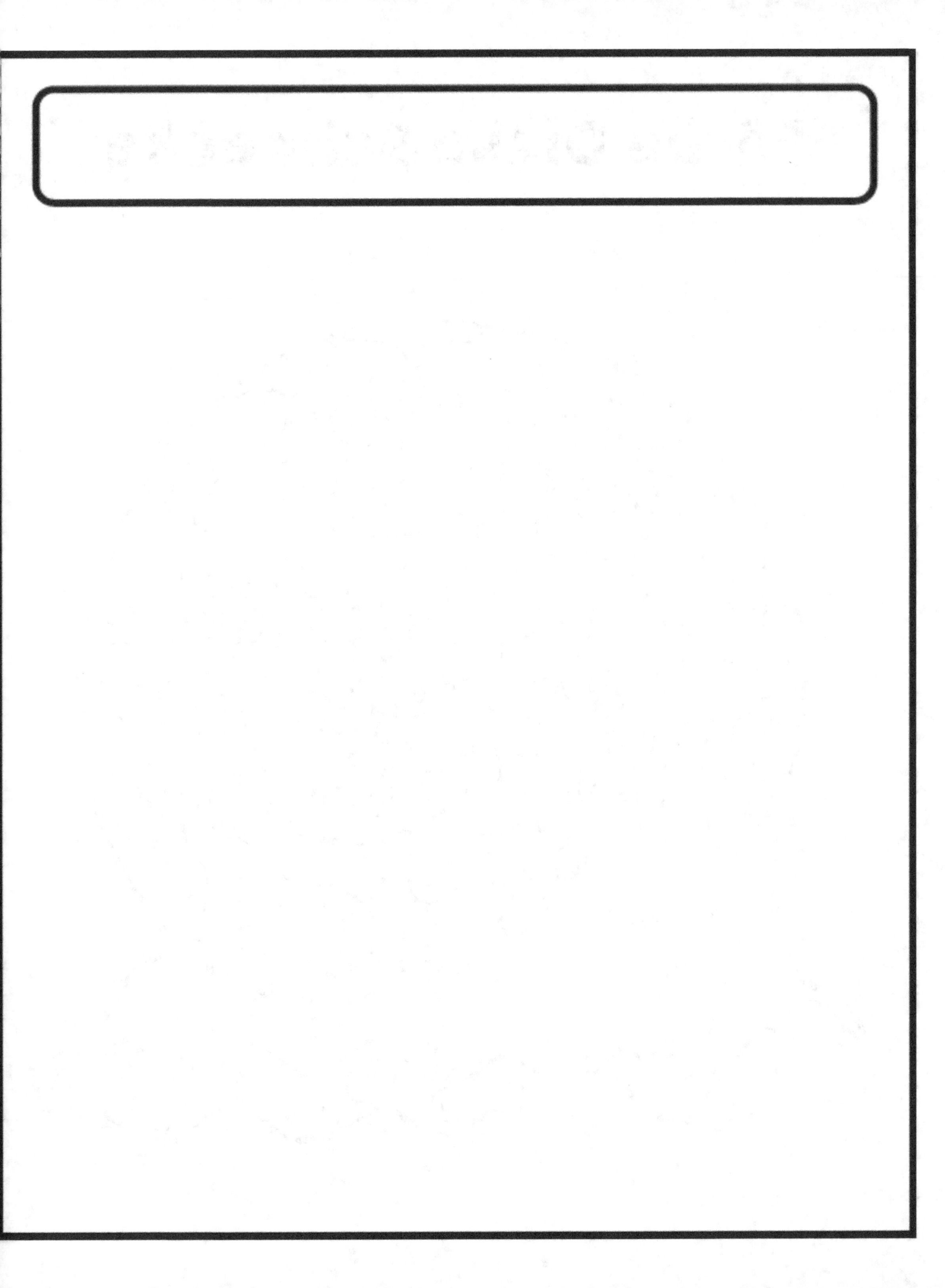

Färbe Diese Schnecke

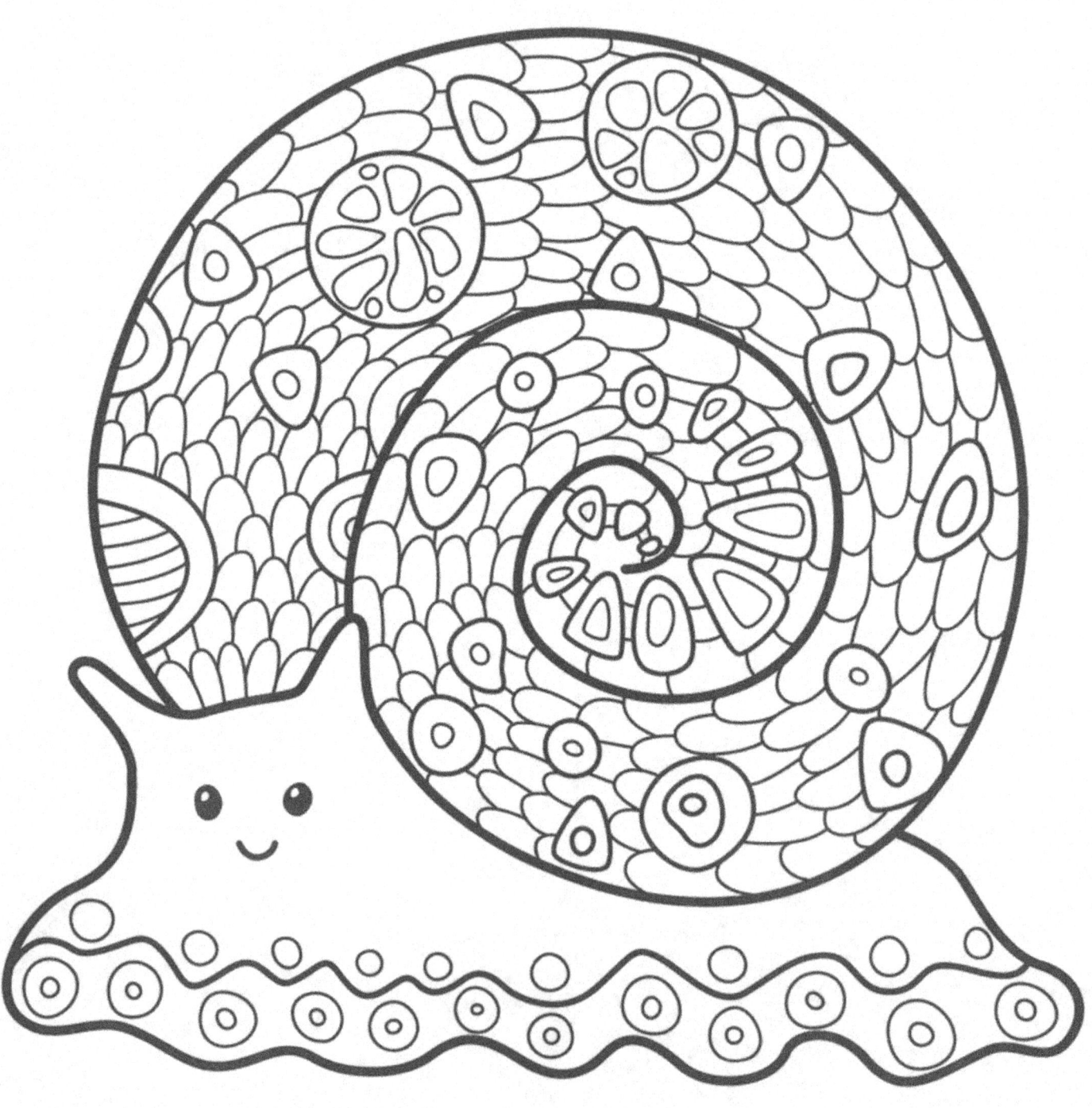

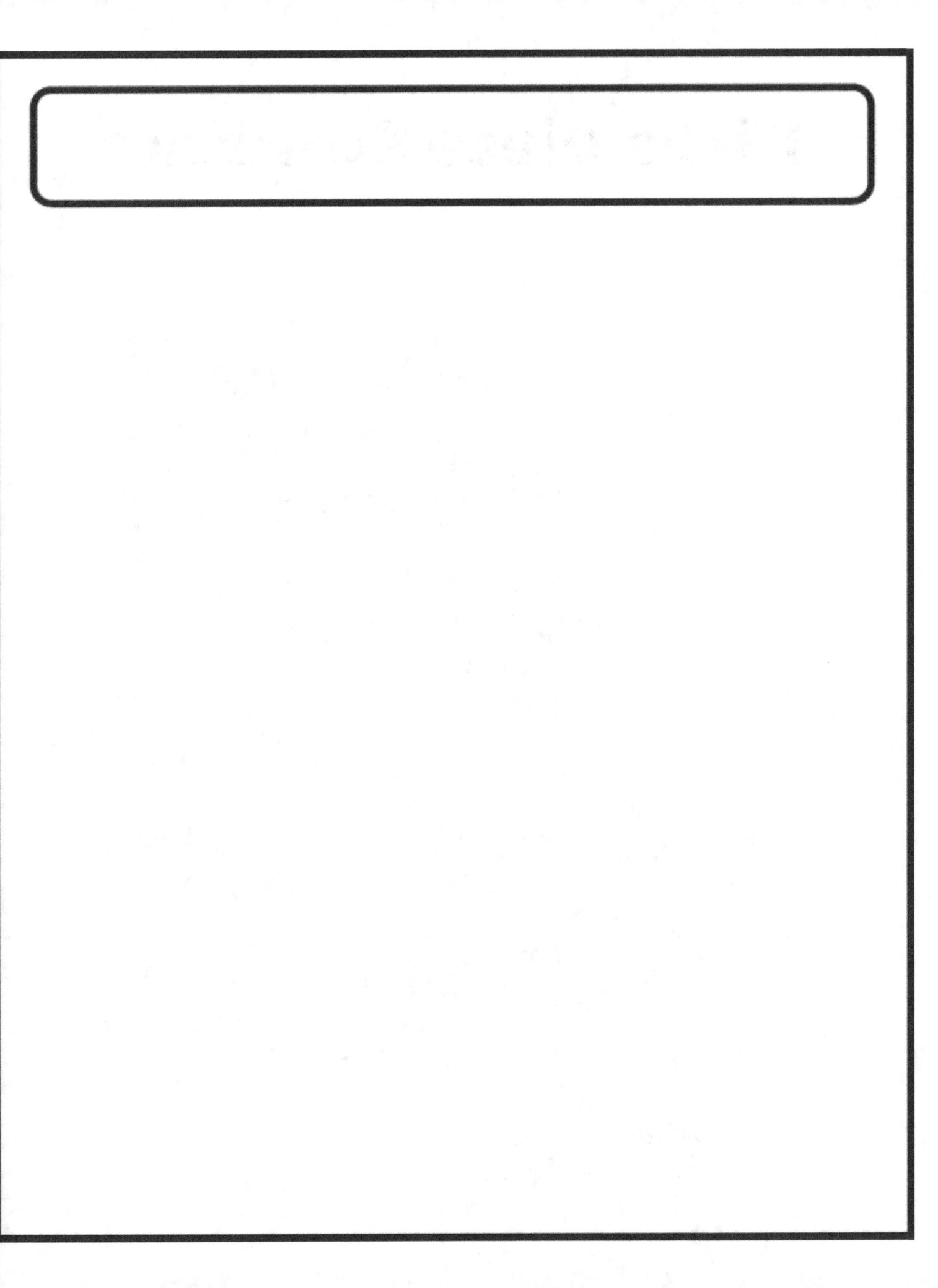

Färbe Diese Schnecke

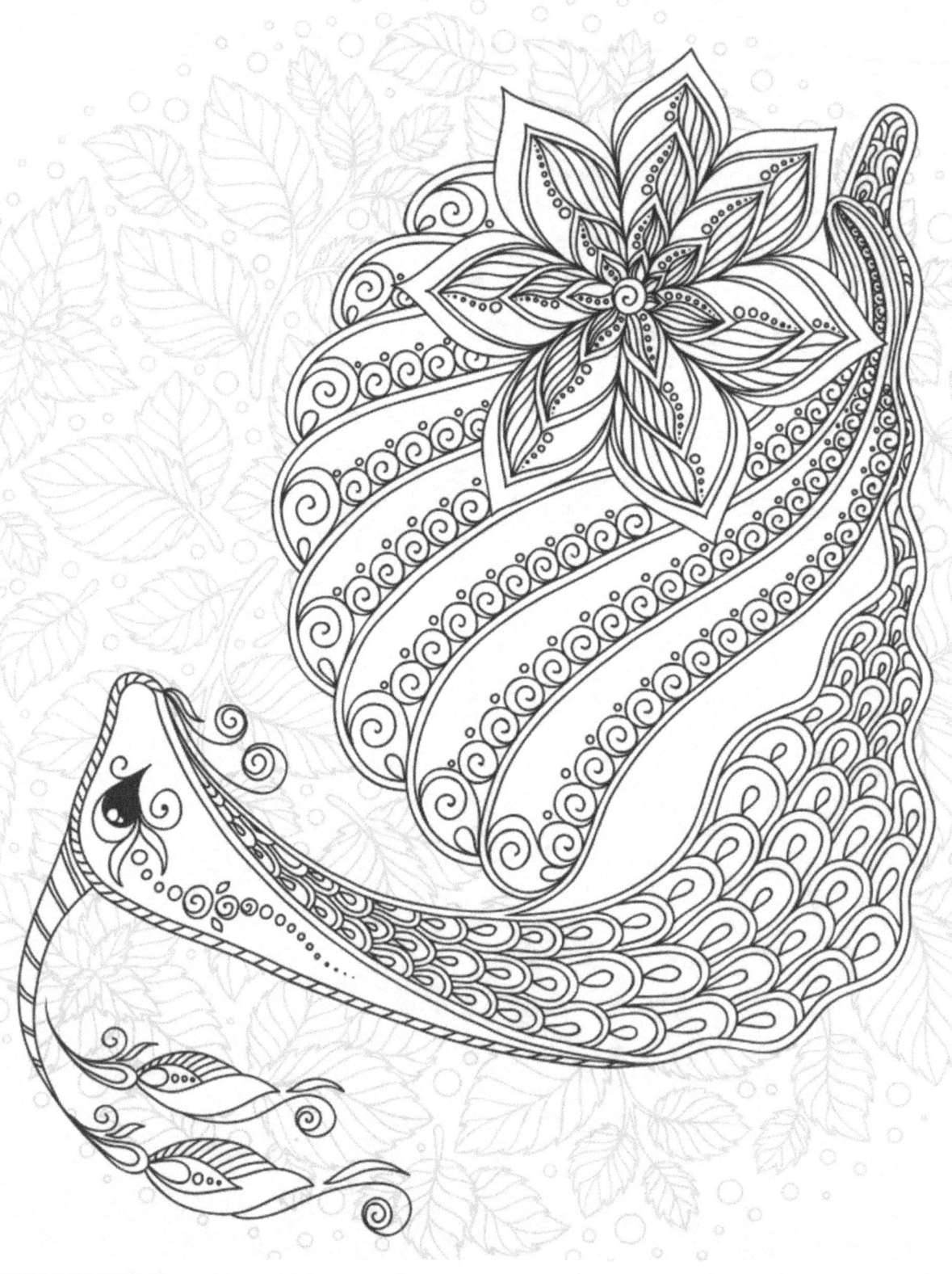

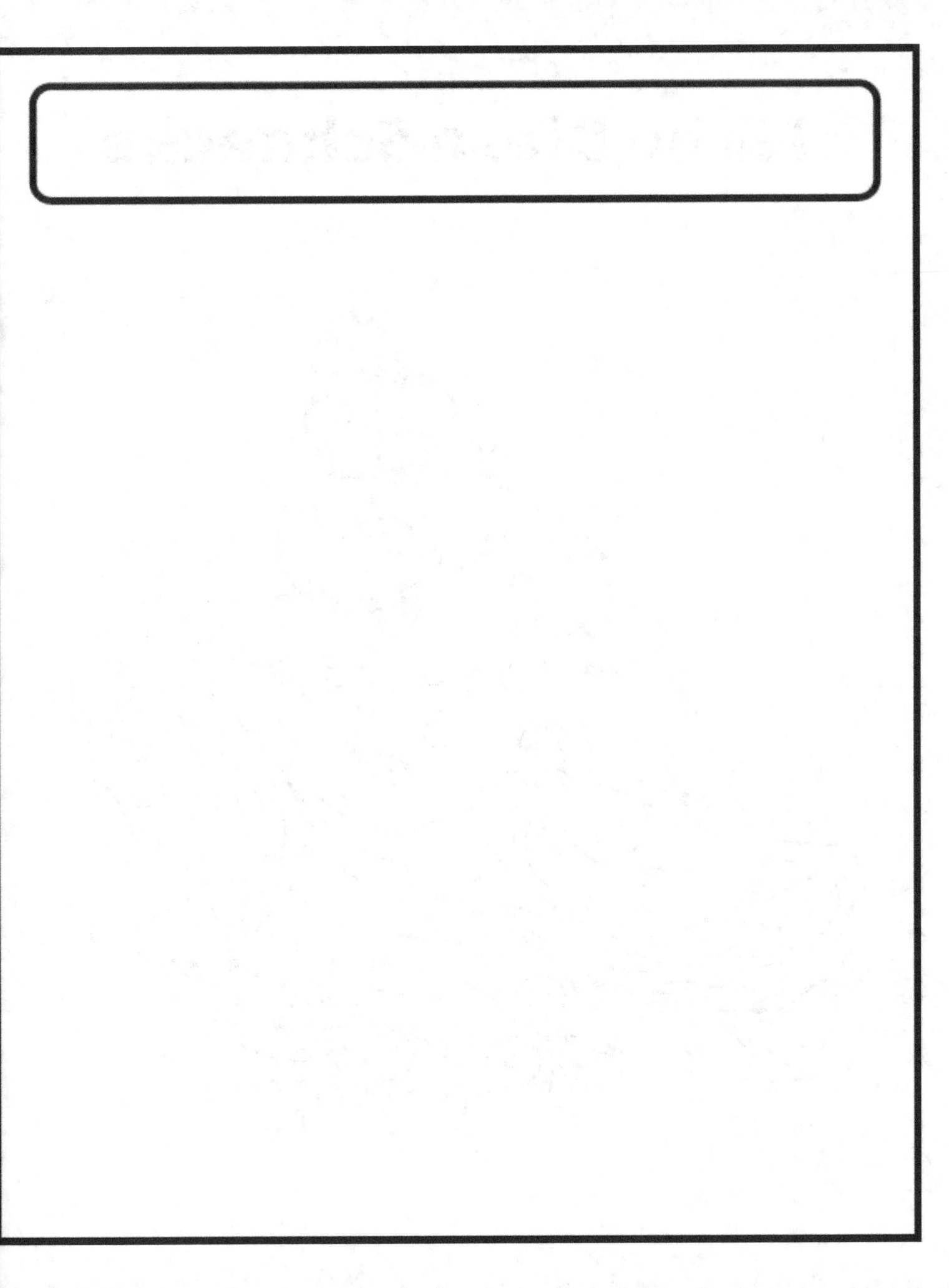

Färbe Diese Schnecke

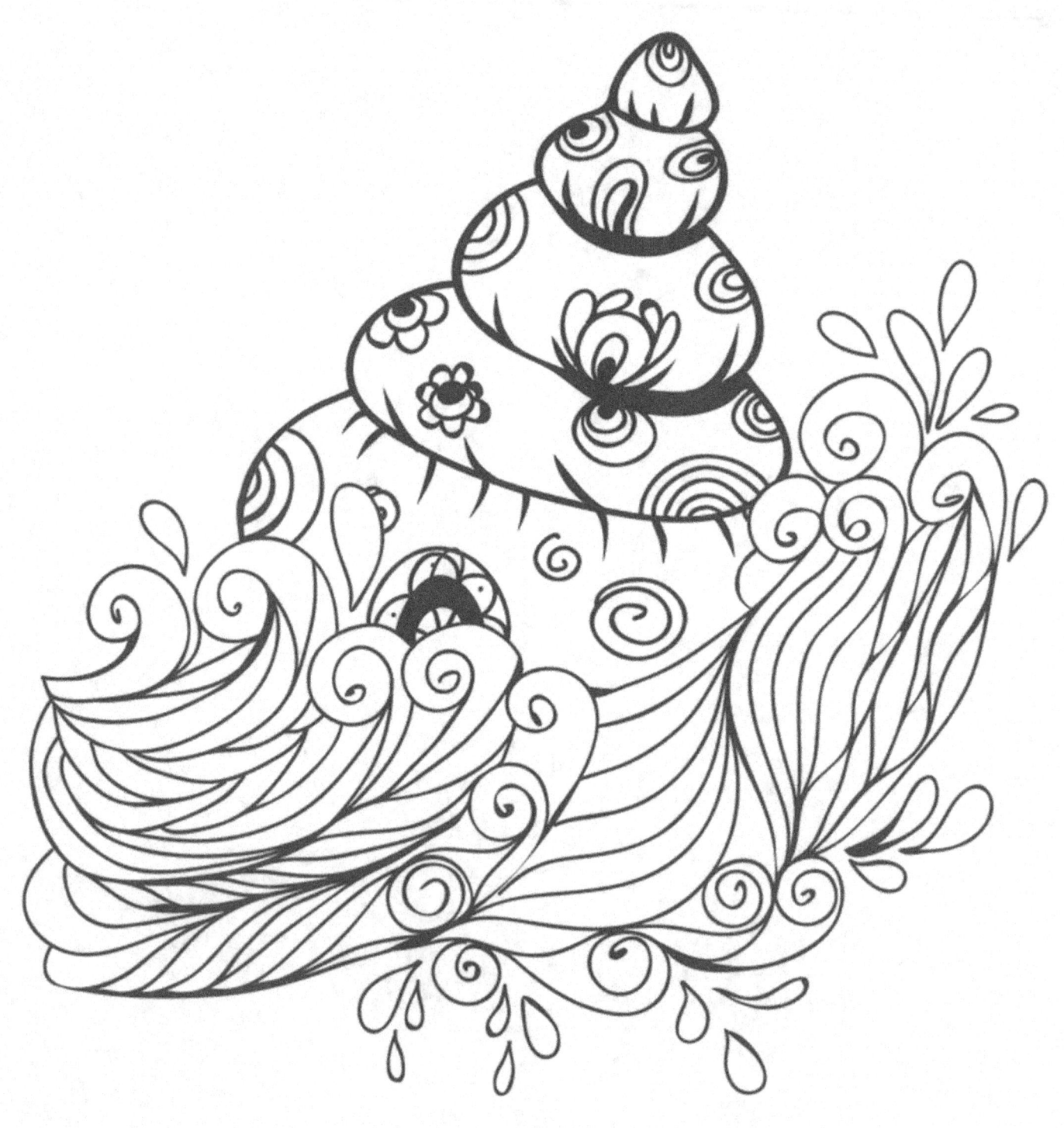

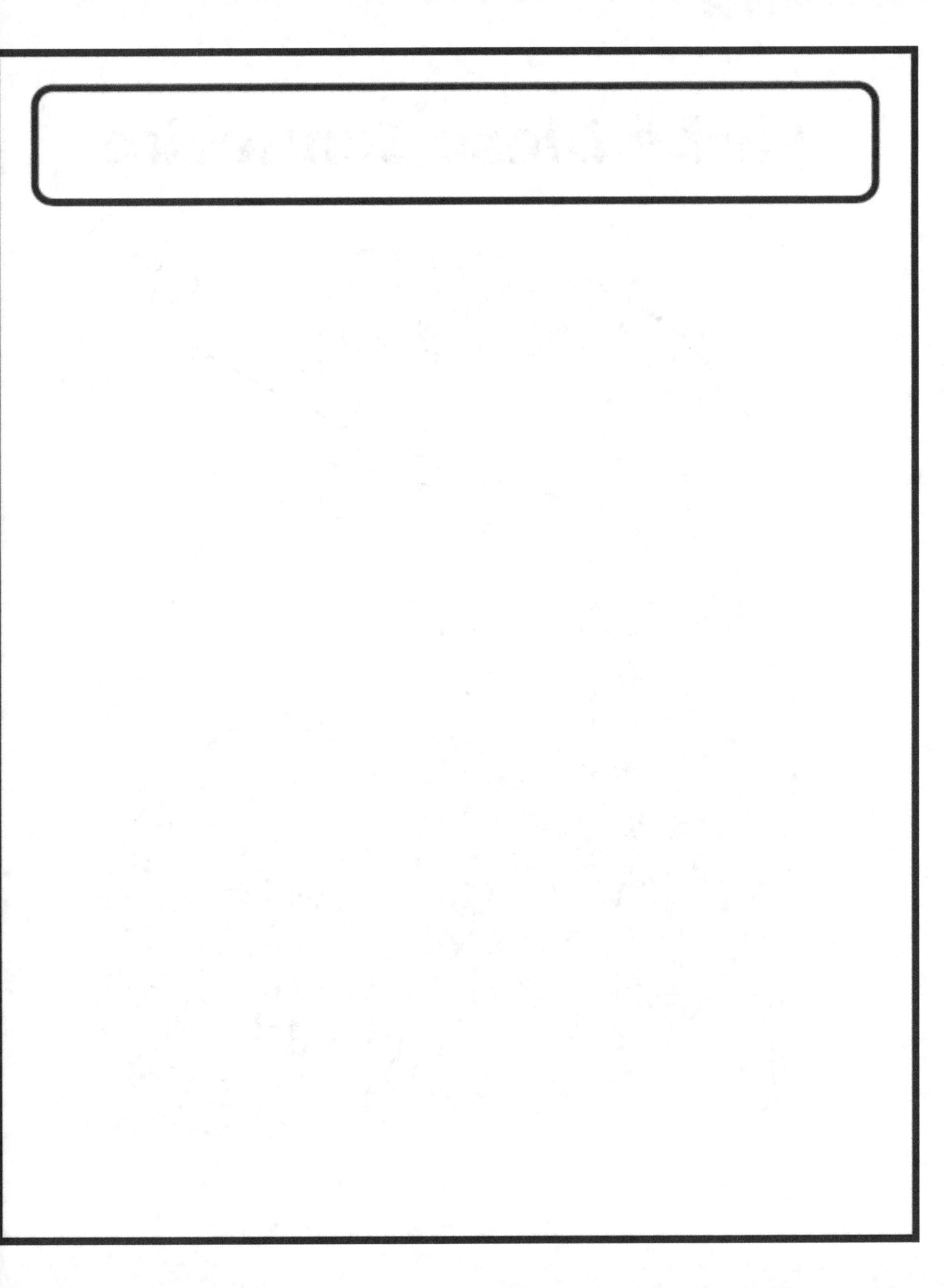

Färbe Diese Schnecke

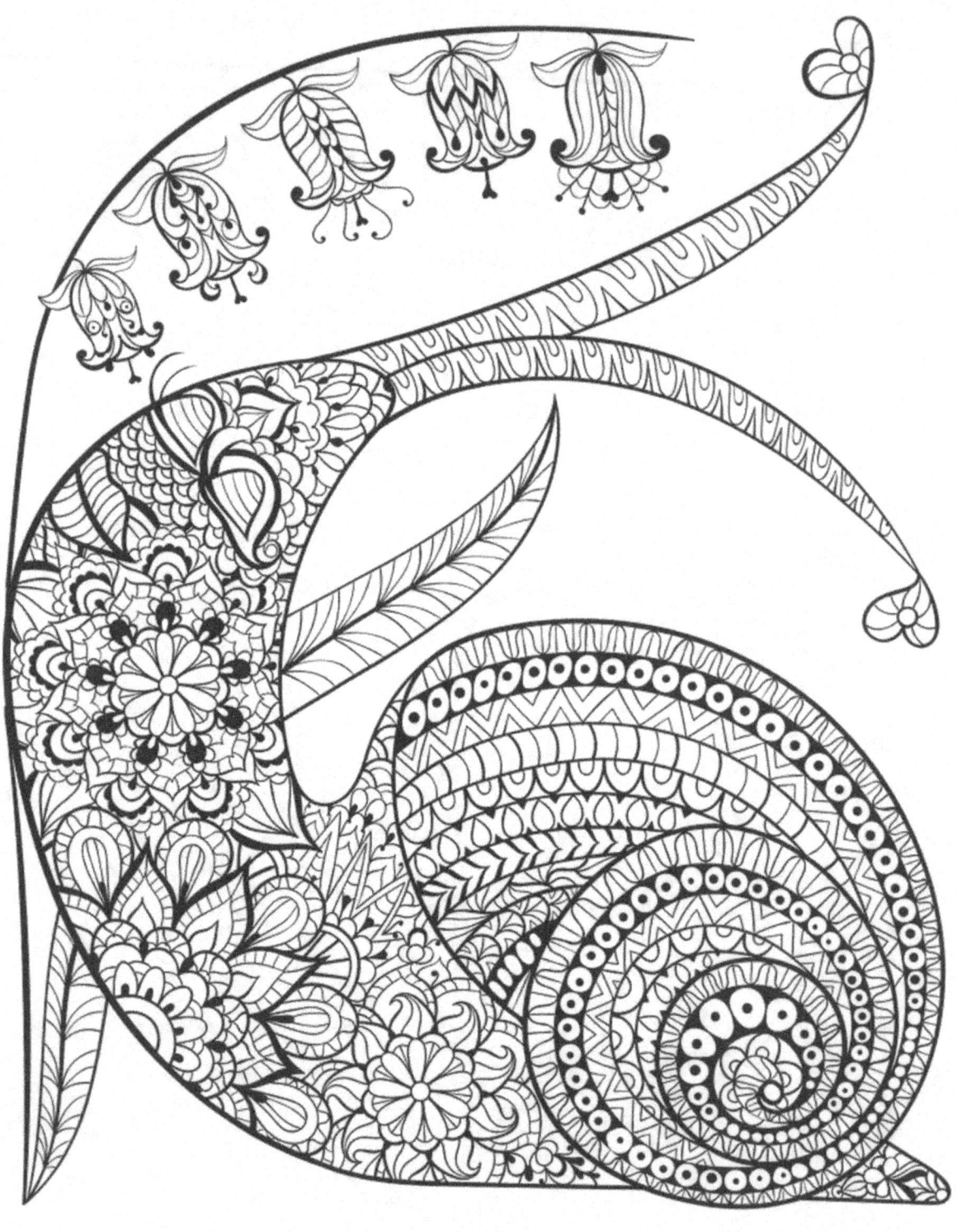

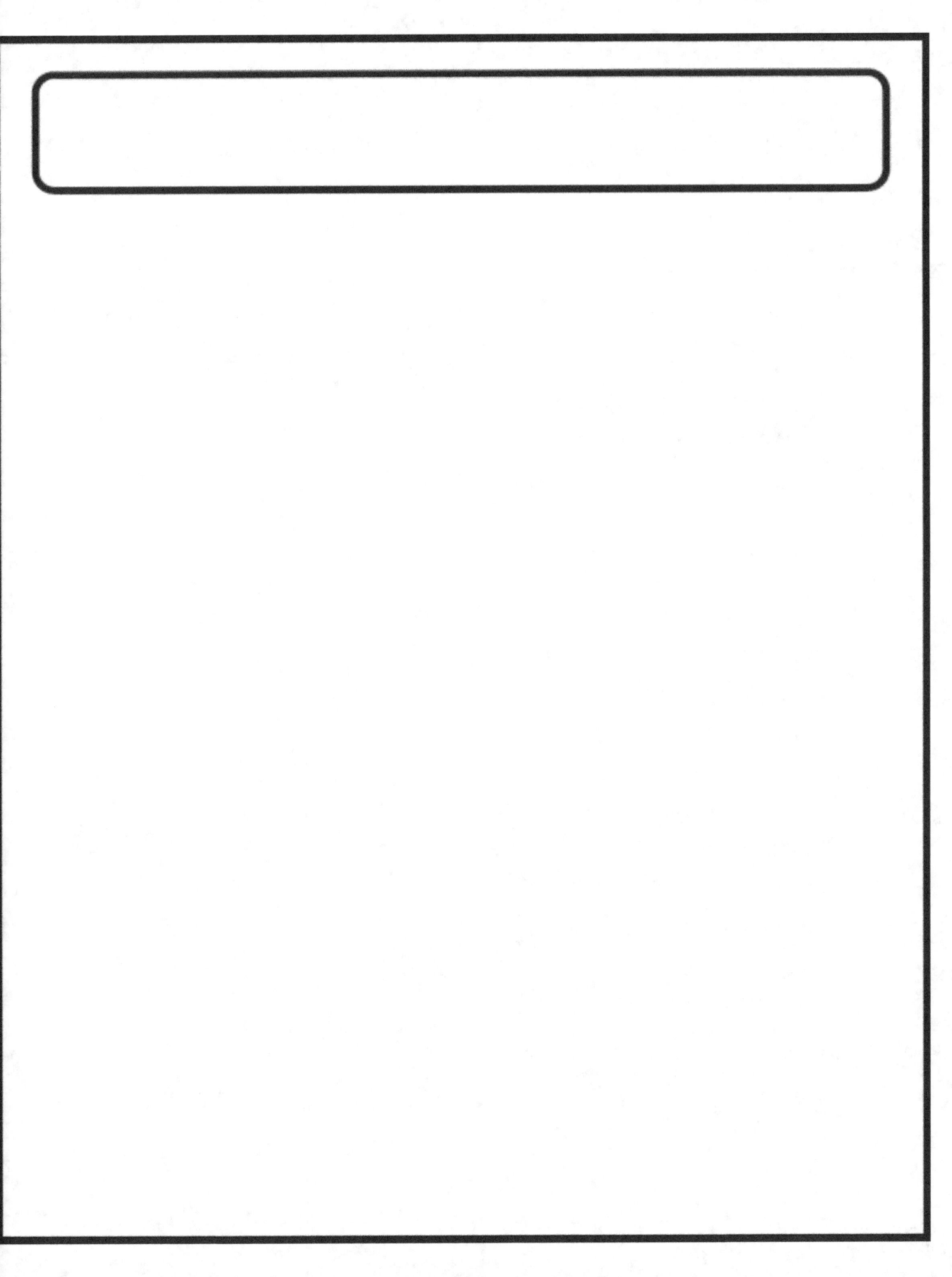